教育部高校国别和区域研究高水平建设单位
华南理工大学印度洋岛国研究中心 学术译丛

印度洋明珠
毛里求斯商贸要略

[毛里] 玛丽·洛德思·林红（Marie Lourdes Lam Hung） 著
李英垣 张琳琳 夏晶晶 朱琳 欧剑 译

Doing Business in Mauritius
（4th Edition）

华南理工大学出版社
SOUTH CHINA UNIVERSITY OF TECHNOLOGY PRESS
·广州·

著作权合同登记号 图字：19-2020-110
图书在版编目（CIP）数据

印度洋明珠：毛里求斯商贸要略/（毛里）玛丽·洛德思·林红（Marie Lourdes Lam Hung）著；李英垣等译. —广州：华南理工大学出版社，2023.8
书名原文：Doing Business in Mauritius (4th Edition)
ISBN 978-7-5623-6600-3

Ⅰ. ①印… Ⅱ. ①玛… ②李… Ⅲ. ①商业经济-概况-毛里求斯 ②贸易经济-概况-毛里求斯 Ⅳ. ①F734.84

中国版本图书馆CIP数据核字（2020）第243404号

Doing Business in Mauritius **(4th Edition)** by Marie Lourdes Lam Hung
ISBN:978-9-9949-6902-1
Copyright ©2022 Marie Lourdes Lam Hung. All Rights Reserved.
Simplified Chinese translation copyright ©2023 by South China University of Technology Press.

印度洋明珠——毛里求斯商贸要略
［毛里］玛丽·洛德思·林红（Marie Lourdes Lam Hung） 著
李英垣 张琳琳 夏晶晶 朱琳 欧剑 译

出 版 人：柯 宁
出版发行：华南理工大学出版社
（广州五山华南理工大学17号楼，邮编510640）
http：//hg.cb.scut.edu.cn　E-mail：scutc13@scut.edu.cn
营销部电话：020-87113487　87111048（传真）

责任编辑：陈 蓉
责任校对：梁樱雯
印 刷 者：佛山家联印刷有限公司
开　　本：787mm×1092mm　1/16　印张：11.25　字数：233千
版　　次：2023年8月第1版　印次：2023年8月第1次印刷
定　　价：56.00元

版权所有　盗版必究　印装差错　负责调换

译丛编译委员会

主　任：钟书能　朱献珑

委　员（按姓氏拼音排序）：

陈一楠　程　杰　崔　岭　邓　锐
杜可君　金苏扬　雷　霄　李英垣
刘喜琴　欧　剑　荣　榕　夏晶晶
肖锦银　谢宝霞　谢　洪　徐　玲
薛荷仙　袁　瑀　战双鹃　张黎黎
张琳琳　朱　丹　朱　琳

献给我的祖国——毛里求斯

荣耀属于祖国,
噢,我的祖国,
您的美丽是如此芬芳,
您的芬芳是如此沁人心脾。
以一个民族和一个国家之名
我们环绕着您。
亲爱的祖国,
但愿您永远处在和平、正义和自由之中,
上帝保佑您,直到永远!

To
My Beloved
Motherland
Mauritius

Glory
to thee
Motherland
O motherland
of mine Sweet
is thy beauty
Sweet is thy fragrance
Around thee we gather
As one people as one nation
In peace, justice and
liberty Beloved
Country
May God bless thee For ever
and ever

译者序

几年前我对毛里求斯几乎是一无所知。唯一的了解是朋友去毛里求斯旅游，回来说那里的海水很美，体验很棒。于是在我的印象中，毛里求斯成了一个今后可能去旅游的目的地。直到华南理工大学外国语学院成立印度洋岛国研究中心（RCIOIC），要求教师自愿报名进行国别研究时，我凭着那一点儿浅显的印象选择了毛里求斯，才对它开始了多方位的研究。

毛里求斯是位于印度洋西岸的一个小小岛国，属于非洲国家。提到非洲，很多人会联想到贫穷和战乱，但毛里求斯不是一个传统意义的非洲国家。它在16世纪初首先被葡萄牙人发现，后来被荷兰人统治并命名。之后又先后被法国和英国殖民，直到1968年才独立，成为英联邦成员。它不仅是一个多种族国家，也是一个多元文化大熔炉。岛内常住居民有非洲人、印巴人、华人，还有英法等欧洲后裔。亚非欧的不同文化、不同宗教信仰、不同风俗习惯相互交融，形成了独具特色的毛里求斯风情。

中毛关系历史悠久，华人约占毛里求斯总人口的2.3%，大多是来自广东梅州的客家人，他们给当地带来了中国的传统文化、习俗、语言、饮食习惯等。华人吃苦耐劳，擅长做生意，从零售商向批发、进出口、转口、工业、商务代理、银行、保险等行业发展。华人在毛里求斯的经济、社会、文化等领域均发挥着重要的作用。

毛里求斯作为中国通往非洲的重要转运站，是"一带一路"倡议的关键合作地区。2019年10月，中国与毛里求斯签署的《中华人民共和国政府和毛里求斯共和国政府自由贸易协定》，是我国与非洲国家签署的第一个自贸协定，不仅能为我国企业赴毛里求斯提供更加有力的法律保障，也有助于企业以毛里求斯为平台，进一步拓展对非洲的投资合作。在此背景下，此书的中文翻译具有重要意义。作为毛里求斯华商会会员，同时还是律师和作家协会成员，本书原著作者全面、生动、严谨地介绍了毛里求斯的商贸情况，并不断更新相关信息，为中国投资者了解毛里求斯的投资环境提供了第一手资料。

此书的翻译历时两年，是"印度洋岛国研究学术译丛"的重要组成部分。在此期间，作者更新原著，翻译团队也全部及时跟进。整体翻译任务安排如下：李英垣翻译第1~2章，朱琳翻译第3~5章，欧剑翻译第6章和第7章的7.1~7.2节，张琳琳翻译第7章的7.3节到第8章的8.5节，夏晶晶翻译第8章的8.6节和第9~10章。张琳琳负责统稿等工作，并承担了基金申报和联系出版社等事务。

非常感谢钟书能教授、朱献珑教授和吴翠微编辑为本译著提供的宝贵的指导意见。同时，还要特别感谢李英垣教授推荐此书，感谢夏晶晶老师对术语部分的整理，以及全体译者的倾力配合与付出。因译者水平有限，译文难免出现错漏，敬请读者批评指正。

张琳琳
2022年9月

序

我很高兴为本版《印度洋明珠——毛里求斯商贸要略》写序。本书前几版收到的正面反馈和关注表明在毛里求斯进行商业活动的重要性。新冠疫情严重影响了世界经济，尤其是新兴市场，阻碍了其经济的增长。毛里求斯也未能幸免，政府不得不采取非传统的政策来维持我们的经济结构，保持我们的经济潜力，支持我们公民的生活和生计。事实上，根据世界银行的数据，毛里求斯抗击疫情的反应在全球排名第4。

尽管疫情肆虐，毛里求斯仍然是撒哈拉以南非洲表现最好的国家之一，我们的政策对经济复苏产生了重要的影响。在这个后疫情时代，经济仍面临其他挑战，包括地缘政治紧张局势和成本上升。全球最低税收标准的即将出台也需要我们的经济作出调整。政府一直积极推进多项改革，进一步改善商业便利化环境，促进关键经济部门的发展，这些将有助于我们应对挑战。改革进程需要持续进行，以巩固我们的增长，并与新技术及国际最佳做法保持同步。实施监管影响评估工具，以及简化多个部门的许可流程，是进一步提高我国独特商业地位的重要工具。公共服务的自动化仍然是政府增强商业便利度的重要优先事项。因此，本书对于投资者来说是一个非常重要的工具，它阐述了所进行的改革，以及在毛里求斯建立和经营企业所需程序（其中的信息涉及经济的所有部门），并对现有投资激励措施进行了全面概述。

本书还总结了毛里求斯在非洲大陆的战略以及为帮助本地企业在该地区的扩张所采取的举措。总的来说，本书概括了我们迈向多元化经济的历程和多年来为成为高收入经济体所采取的措施。祝贺林红（Lam Hung）女士出版这本耐人寻味的指南，愿读者阅读愉快。

财政和经济规划与发展部部长
伦加纳登·帕达亚奇
（Dr. The Honourable Renganaden Padayachy）

前　言

本书第三版出版至今已近两年，在此期间，毛里求斯没有逃脱新冠疫情及其不利影响对经济的冲击。积极的一面是，毛里求斯已经从反洗钱金融行动特别工作组（FAFT）的灰名单和欧盟高风险国家名单中除名，加强了其作为实质性司法管辖区的地位，为企业提供了有利的环境。

本书将为您提供在毛里求斯投资和经商的关键方面的见解。在这个新版本中，我们借机对上一版的材料进行了重新排列、更新和扩展，为外国公民在毛里求斯创业的前期工作提供支持。本书将新法律纳入其中，如《移民法（2022）》《金融（杂项规定）法（2022）》和《虚拟资产和初始代币发行服务法（2022）》，以及修订后的《劳工权利法》和《中小型企业法》的章节。

本书强调了我认为最显著的创新，如可变资本公司、工业产权、家庭就业许可、长期居留签证、高级签证、居留许可和非公民配偶的居留许可。

另一项修改是关于有吸引力的金融计划的新章节，涉及吸引投资者的新激励措施。

如果您已经阅读过第三版，我感谢您，并希望您更喜欢第四版。

如果您是《印度洋明珠——毛里求斯商贸要略》的新读者，我感谢您，并希望这个新版本更好地达成其目标。

愿大家合作共赢。

玛丽·洛德思·林红
（印度洋之星和钥匙勋章获得者）

世界名人对毛里求斯的评价

1896年，马克·吐温（Mark Twain）说：
"上帝先创造了毛里求斯，再按此创造了伊甸园。"

2001年，毛里求斯共和国总统安纳路德·贾格纳特爵士（Sir Aneerood Jugnauth）说：
"世界上不存在奇迹，唯有勤奋、自律和意志方可促成奇迹的诞生。"

2011年3月9日，哥伦比亚大学教授约瑟夫·E.斯蒂格利茨（Joseph E. Stiglitz）（世界著名的诺贝尔经济学奖获得者、前世界银行副总裁）在《毛里求斯奇迹——如何在小国中获得巨大成功》里写道：

"地球上最伟大的国家毛里求斯——一个非洲东岸小国，既不属于特别富有，也不至于濒临破产。然而，在过去的几十年中，毛里求斯成功地建立了多样经济模式、民主政治制度和有力的社会安全保障。不仅美国，许多国家都能汲取它的经验。

一个小小的国家为其国民提供直至大学的免费教育、给在校学生提供免费交通、为全体国民提供包括心脏手术在内的健康保险。你或许会认为这样一个国家要么是令人难以置信的富有，要么将迅速落入财政危机。"

目录

第 1 章　毛里求斯概览 / 1
　1.1　毛里求斯掠影 / 2
　1.2　经济概览 / 5

第 2 章　为什么到毛里求斯经商？/ 12
　2.1　优秀的业绩 / 12
　2.2　强有力的法治和稳定的环境 / 13
　2.3　宜人的经商环境 / 13
　2.4　表现最佳的财富管理中心 / 16
　2.5　高效的纠纷解决方案 / 17
　2.6　低税率管辖区域 / 19
　2.7　成熟的国际金融中心 / 22
　2.8　通往非洲的门户 / 24
　2.9　优质的人力资源 / 26
　2.10　完善的基础设施与网络连接 / 27
　2.11　高品质的生活 / 29
　2.12　广泛的贸易协定网络 / 34
　2.13　科技创新中心 / 36

第 3 章　外商投资 / 38
　3.1　概述 / 38
　3.2　经济发展局 / 40
　3.3　投资框架 / 42

第 4 章　外国人财产所有权 / 46
　4.1　概述 / 46
　4.2　房地产开发计划 / 47
　4.3　智慧城市计划 / 51

4.4 酒店投资计划 / 56
4.5 继承权 / 58

第 5 章　金融服务业 / 61
5.1 毛里求斯银行 / 61
5.2 金融服务委员会 / 62
5.3 全球商业部门 / 64
5.4 毛里求斯证券交易所 / 67

第 6 章　欢迎光临毛里求斯 / 70
6.1 签证 / 70
6.2 就业许可 / 72
6.3 居住证 / 75
6.4 永久居住证 / 76
6.5 工作准证 / 78
6.6 回归居住计划 / 82
6.7 毛里求斯公民身份 / 83

第 7 章　创办企业 / 85
7.1 企业成本 / 86
7.2 企业架构 / 91
7.3 公司 / 92
7.4 企业注册 / 97
7.5 域名、企业名称与知识产权注册 / 99
7.6 业务许可 / 101
7.7 受监管活动许可证 / 104
7.8 专业团体注册 / 105
7.9 业务地点 / 106
7.10 资金业务 / 108

第 8 章　经营业务 / 111
8.1 劳动力 / 111
8.2 进出口业务 / 116
8.3 企业保险 / 118

8.4 企业经营行为 / 119
8.5 税收 / 122
8.6 财产税 / 127

第 9 章 机会行业 / 131
9.1 农产品加工业 / 131
9.2 建筑业 / 133
9.3 环境与可再生能源 / 134
9.4 电影业 / 135
9.5 金融科技行业 / 137
9.6 医疗保健 / 139
9.7 信息与通信技术 / 140
9.8 知识产业 / 143
9.9 生命科学 / 144
9.10 物流与配送服务 / 147
9.11 制造业 / 149
9.12 海洋业 / 150
9.13 地产市场 / 154
9.14 中小型企业 / 156
9.15 旅游业 / 159

附录 法案与规定 / 162

参考资料 / 165

作者简介 / 166

第1章
毛里求斯概览

被誉为"印度洋的明珠和钥匙"的毛里求斯,位于西南印度洋,距离马达加斯加东海岸约500英里①。毛里求斯陆地面积为2040平方千米,是世界上最大的专属经济区之一。其国土面积达230万平方千米,是陆地面积的1000多倍。

毛里求斯共和国包括毛里求斯岛(1865平方千米)、罗德里格岛(104平方米)、阿加莱加群岛和卡加多斯-卡拉若斯群岛(圣布兰登群岛)(274平方千米)(图1-1)。此外,毛里求斯坚称对查戈斯群岛(英属印度洋领地)拥有主权。

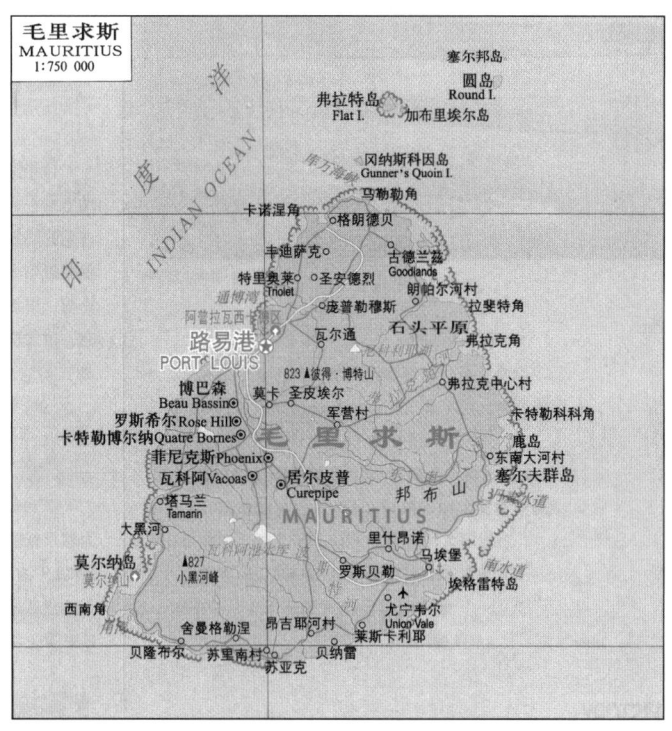

图1-1 毛里求斯地图[审图号:GS(2017)1850号]②

---

① 约合804.7千米。

② 本图来源:世界分国地图.非洲:莫桑比克 科摩罗 马达加斯加 塞舌尔 毛里求斯 留尼汪[M].中国地图出版社,2019.

1.1 毛里求斯掠影

1. 毛里求斯历史上的重要时刻

10世纪	阿拉伯人到来，但他们未选择在此定居
1507—1513年	葡萄牙人到达此地
1638—1710年	荷兰人占领此地，并根据其国王的名字（Maurice Van de Nassau）命名该岛为毛里求斯岛
1710—1810年	法国人定居于此，并重新命名毛里求斯为法兰西岛
1810—1968年	该岛被英国占领
1968年	毛里求斯独立
1992年	毛里求斯实行共和制

2. 重要事实

官方名称	毛里求斯共和国
国家首脑	总统
政府首脑	总理
政治身份	议会制民主政体
宪法	威斯敏斯特模式
法律制度	法英法律混合体制。最高法院为最高级别法院，但英国的枢密院司法委员会拥有司法最终裁决权
行政区划	7个区和5个直辖市
政府	作为共和制国家，其政府的议会制度以威斯敏斯特模式为基础，实行普选，得票率高者当选议员，另有8个由总统根据选举委员会的建议在落选人中选择得票率高者任命的官委议员，并兼顾少数民族和宗教少数派的代表名额
国庆节	3月12日
首都	路易港
时区	格林威治＋4小时，东部标准时间＋9小时
人口	126.25万人（2022年7月数据）
人口增长率	0.1%（2016年数据）
贫困线以下人口	8%
寿命	平均值：75.4岁 男性：71.9岁 女性：79岁（2015年数据）

种族结构	印巴裔毛里求斯人占总人口的69%，克里奥尔人（非洲人及欧非混血儿）占总人口的27%，华裔占总人口的2.3%，欧洲人后裔占总人口的1.7%
商用语言	英语、法语
其他语种	克里奥尔语、印地语、乌尔都语、广东客家话、波吉布里语、汉语普通话、马拉迪语、泰卢固和泰米尔语
成人识字水平	总人口的90.6% 男性：92.9% 女性：88.5%（2015年数据）
宗教	印度教：52% 基督教：30% 伊斯兰教：17% 其他：1%
财政年度	每年7月1日起至次年6月30日止
失业率	8.1%（2022年第二季度数据）
货币	毛里求斯卢比（MUR），1卢比为100毛分
国家区号	+230
互联网最高级域名	mu.org
电话与互联网用户	固定电话用户：38万；移动电话用户：180万；互联网用户数：67.2万户（2015年数据）
电压	220伏特。方形三针插头最为常用
度量衡	千克、千米
气候	亚热带海洋性气候，全年分两个季节：夏季（大约每年11月至次年4月）和冬季（5—10月），温度在11~34℃之间。每年11月至次年3月是飓风季节

3. 国际组织成员

毛里求斯是国际法庭、国际投资争端解决中心、多边投资担保机构和1958年纽约《外国仲裁裁决公约》签字国成员。

此外，毛里求斯具有长期的国际关系，是下列机构的成员国：

- 非洲–加勒比海–太平洋集团
- 非洲开发银行
- 法语国家联盟
- 英联邦
- 东南非共同市场（Common Market for Eastern & Southern Africa, COMESA）

- 反洗钱金融行动特别工作组（Financial Action Task Force, FATF）
- 全球印度人组织
- 环印度洋区域合作联盟（Indian Ocean Rim Association for Regional Cooperation, IOR-ARC）
- 法语国家国际组织
- 国际移民组织
- 国际货币基金组织（International Monetary Fund, IMF）
- 经济合作与发展组织（Organization for Economic Co-operation and Development, OECD，简称"经合组织"）
- 非洲联盟
- 联合国及其分支机构
- 世界银行
- 世界贸易组织

毛里求斯是重要的国际人权公约和盟约的缔约国，这些公约和盟约包括《非洲人权和人民权利宪章》、国际劳工组织（International Labor Organization, ILO）、《消除对妇女歧视公约》和《儿童权利公约》。

4. 营业时间

毛里求斯时间比格林威治时间（GMT）早4小时，即比包括伦敦、都柏林在内的欧洲主要城市早4小时，比澳大利亚和新西兰晚7小时，比新加坡和印度晚4小时，比中国上海晚4小时，比美国纽约早8小时。

政府机构和公共场所等的营业时间如下表所示。

政府机构和公共场所	营业时间
政府机构	9:00—16:00（周一到周五），其中午餐时间为12:00—13:00
银行	9:15—15:15（周一到周四）；9:00—17:00（周五）；周六、周日和公共假日不营业
商店	首都路易港商店营业时间：9:00—17:30（周一到周五）；9:00—12:00（周六）；中央高原商店：除周四（营业时间为9:00—13:00）外，周一至周六营业时间为9:00—17:30
大型购物市场	部分商场营业到22:00（周五、周六）、19:00（周日）
工业场所	8:00—17:00（周一到周五）

5. 商业礼仪

毛里求斯是一个适合进行商业往来的地方。

其商业礼仪包括：

- 讲礼貌。
- 准时,这点非常受欢迎。
- 见面时与每一个人握手。
- 交换印有名字和头衔的名片(通常在介绍完毕后交换名片)。
- 大多数人使用尊称或者称呼先生、夫人或女士。
- 业务可在午餐或晚餐时间进行,餐桌礼仪同欧洲一致。
- 闲聊话题可包括食物、景色、艺术、文化等。
- 避免谈论宗教、种族、性、政治或批评政府等话题。
- 不强制给小费。
- 尽量不在公共假期、圣诞节、新年以及1月的第一周做生意。
- 英语是毛里求斯官方语言,而法语也被广泛使用。
- 商务着装标准:标准商务服饰要得体、规范,男士穿西装打领带;女性应该穿商务套装或保守的服装,也可穿裤子。
- 性别平等。女性在职场中受到平等对待,常升任公司高管。

6. 公共假日

毛里求斯的公共假日如下表所示。

日期	假日	日期	假日
1月1日	新年	5月1日	国际劳动节
1月2日	新年	6月16日	开斋节(Eid-al-Fitr)
1月31日	扎针节	8月15日	圣母升天节
2月1日	废除奴隶制日	9月14日	甘尼许节(Ganesh Chaturthi)
2月13日	印人湿婆节	11月2日	契约劳工节(印人劳工来毛日)
2月16日	中国新年(华人春节)	11月7日	印人点灯节(Divali)
3月12日	国庆节暨独立日	12月25日	圣诞节
3月18日	洒红节(Ugaadi)		

1.2 经济概览

根据亚非银行《2021年非洲财富报告》中的"全球最佳财富市场"内容,毛里求斯仍然是非洲最富有的国家。截至2021年12月,人均财富超过34 000美元,远高于第二名南非的10 970美元。根据2022年的报告,毛里求斯与澳大利亚、马耳他、新西兰和瑞士一起成为全球增长最快的高收入市场之一(按百分比增长计算),预计到2031年,高净值人群数量将达到8000人以上。值得注意的是,世界银行于2021年

7月正式将毛里求斯列为中高收入国家。

毛里求斯不再是反洗钱金融行动特别工作组灰名单上的国家，也不在欧盟高风险国家名单中，这有助于使毛里求斯成为合规、可靠和安全的商业和投资目的地。毛里求斯是唯一通过东部和南部非洲反洗钱组织（Eastern and Southern Africa Anti-Money Laundering Group, ESAAMLG）评估的非洲国家，如今也符合金融行动特别工作组的40项建议。这巩固了毛里求斯作为透明和安全的投资目的地的地位。

毛里求斯经济多元化发展主要依靠其离岸金融活动、纺织业和甘蔗生产。医疗旅游、外包和新技术均为新兴的行业。

由于新冠疫情的影响，国际旅行受到限制，毛里求斯经济在2020年受到了严重打击。在2021年，毛里求斯最直接的挑战与新冠疫情影响的经济、社会和公共卫生有关。

2021—2022年，随着边境于2021年10月重新开放，经济回弹，毛里求斯的GDP增长了6.9%。国际货币基金组织在2022年1—4月，将2022年全球增长预测下调80个基点至3.6%，并预测2022年全球通货膨胀率为7.4%。这在很大程度上反映了俄-乌冲突的直接和间接影响。

根据全球经济指标（Trading Economics）全球宏观模型和分析师的预期，毛里求斯的GDP预计将在2022年底达到143亿美元。

1.2.1 主要指标

毛里求斯近年主要经济指标如表1-1所示。

表1-1 毛里求斯2018—2021年主要经济指标

指标	单位	数值	2018年	2019年	2020年（估）	2021年（估）
国内生产总值，价格不变	百分变化率		3.8	3.0（估）	-14.9	5.0
国内生产总值，当前价格	美元	10亿	14.2	14.05	10.92	11.00
人均国内生产总值，价格不变	美元		11 228.1	11 089	8619	8682
通胀、消费者平均价格	百分变化率		3.2	0.5	2.5	5.1
一般政府结构平衡	潜在国内生产总值百分比		-0.4	-0.6	-0.3	-0.2

续表

指标	单位	数值	2018年	2019年	2020年（估）	2021年（估）
一般政府债务总额	国内生产总值百分比		66.2	68.7	69.4	68.2
往来账户余额	美元	10亿	-0.8	-0.76	-1.37	-2.04
往来账户余额	国内生产总值百分比		-5.8	-5.4（估）	-12.6	-18.6

数据来源：国际货币基金会2021年世界经济数据库数据。

注："（估）"指估算数据。

毛里求斯2015—2018年货币指标如表1-2所示。

表1-2 毛里求斯2015—2018年货币指标

货币指标	2015	2016	2017	2018
欧元兑毛里求斯卢比的年平均汇率	37.41	37.81	38.95	38.95

数据来源：世界银行最新可用数据。

1.2.2 外汇规章制度

由于毛里求斯自1994年以来没有外汇管制，因此利润、股息、版税或利息汇进或汇出毛里求斯不需要审批。汇率由市场决定，可以用外币结算，也可以在毛里求斯开立外币账户。毛里求斯银行（Bank of Mauritius, BoM）控制着国家的外汇储备。

1.2.3 经济史上的里程碑

1968　毛里求斯独立。制糖业是最大的经济收入来源，也是最大的行业。

1970　建立出口加工区（Export Processing Zone, EPZ），为投资者制定了许多的激励政策

1974　颁布《1974年发展奖励法》。

1975　毛里求斯加入《洛美协定》，取代了之前的《雅温得协定》，通过此贸易协定，可以享受欧盟的优惠待遇。

1977　开始向公民提供免费教育，直到大学阶段。

1979　毛里求斯向国际货币基金组织和世界银行寻求经济结构调整一揽子政策，毛里求斯卢比贬值达30%。

1980　出口加工区收入占毛里求斯出口总收入的80%以上，雇佣了三分之一的劳动力。

1981	毛里求斯卢比汇率再度调整20%。
1982	与印度签订《避免双重征税协定》。
1983	推出5%的新销售税。
1984	毛里求斯成立出口发展与投资局（Mauritius Export Development and Investment Authority, MEDIA），确立出口市场，向外国推介"毛里求斯制造"的产品。
1987	毛里求斯股票交易所成立。
1988	推出离岸银行业务。
1990	出口加工区企业的增加为国内生产总值贡献12%。
1992	毛里求斯自由港成立。 毛里求斯颁布《离岸商业活动和离岸信托法》。
1993	颁布《工业扩张法案》。
1994	取消外汇管制。
1995	成立信息和通信技术部。
1996	对从境外部门取得的境外收入实行80%的税收抵免。
1998	《电信法》通过。 增值税出台。
1999	推行"永久居留计划"，吸引高资产净值外国人。
2000	颁布《电子交易法》，促进电子商务。 颁布《投资促进法》。 《科托努协定》取代《第四号洛美协定》，为毛里求斯提供更多的市场机会。 颁布《非洲增长与机遇法案》。 东南非共同市场自由贸易区成立。
2001	成立信息和通信技术管理局。 成立毛里求斯投资促进局（Board of Investment, BOI），促进在毛里求斯的投资。 《金融服务发展法案》通过。
2002	反腐败独立委员会成立。 推出"综合度假村计划"。
2003	在伊本（Ebène）建立一座新的商业城。
2004	《公私合营法案》通过。 建立海鲜中心。 整合国内外银行业务。

2005	《专属保险法案》出台。
2006	欧盟降低糖的担保价格。
	推出《商业促进法案》，开放整体营商环境。
	毛里求斯与美国签署《贸易和投资框架协议》。
	推出关键回购利率。
2007	允许在毛里求斯成立外国公司。
	征收15%的销售税。
	毛里求斯政府与天利公司签署关于建立毛里求斯经贸合作区的框架协议，天利项目得以实施。
	修订《银行法》，增设伊斯兰银行服务。
	对个人和企业收入实行15%的单一税率。
	成立货币政策委员会。
2008	颁布《国际仲裁法案》。
	南共体自由贸易区正式启动。
	设立金融稳定委员会，定期检查金融体系的稳健程度。
	《破产法案》颁布，简化破产程序。
	推行道路综合整治计划。
2010	对劳动密集型和市场抗风险性低的旅游、建筑和房地产等行业实行税收减免政策。
	常设仲裁法院（Permanent Court of Arbitration, PCA）设立办事处。
	实施调整经济结构和提升竞争力方案。
2011	颁布《有限合作法案》。
	毛里求斯银行成为伊斯兰服务委员会的正式成员。
	毛里求斯国际仲裁中心成立。
2012	颁布《基金法案》。
	颁布《私人养老计划法案》。
	取消利息税。
	推行中小企业融资计划。
2013	与美国签订《税务信息交换协议》(Tax Information Exchange Agreements, TIEAs)以及《政府间协议》，执行《海外账户税务合规法案》(Foreign Account Tax Compliance Act, FATCA)。
	建成先进的新国际机场。
2014	海洋经济部成立。
2015	通过《专属保险法》。

启动贸易障碍预警机制。

与赞比亚和迪拜签署《投资促进和保护协定》(Investment Promotion and Protection Agreements, IPPA)。

与澳大利亚签署《海浪能源与微电网评估协议》。

在毛里求斯使馆成立贸易与投资经理人协会。

因符合世界贸易组织《服务贸易总协议》(General Agreement of Trade in Services, GATS)要求，成为首个参加《国际服务贸易协定》(Trade in Service Agreement, TISA)谈判的非洲国家。

与南非签订《避免双重征税协定》。

签署《联合国条约投资国仲裁透明度公约》。

出台"房地产开发计划"和"智慧城市计划"。

2016　推出《有限责任合伙法案》。

实施《良好治理与诚信报告法案》。

在蒙特梭（Mon Trésor）启动首个智慧城市项目。

中国银行首家分行在毛里求斯设立。

毛里求斯银行货币政策委员会将基准的关键回购利率下调40个基点，至每年4%。

毛里求斯国际金融中心正式成立。

建立衍生品市场，非洲货币在此平台可直接对冲美元。

毛里求斯证券交易所（Stock Exchange of Mauritius, SEM）推出全股票指数，纳入其上市的全球商业公司。

非洲—毛里求斯—新加坡—亚洲空中走廊启动。

与印度签订《关于修改〈避免双重征税协定〉的议定书》。

金融服务研究院成立，为提高金融行业水平提供专业培训课程。

多家海外家族企业成立。

引入投资银行和企业财务咨询牌照。

颁布《建设运营转让项目法》。

2017　非洲联盟在毛里求斯成立非洲经济平台。

颁布《商业便利法（临时条款）》以消除证照颁发限制。

参与经合组织包容性框架，实施商业促进法案的建议。

地铁快线项目开工。

中央银行将回购利率下调至3.5%。

签署《实施税收协定相关措施以防止税基侵蚀和利润转移的多边公约》，涉及23项《避免双重征税协定》。

推出《中小企业法案》。
更新《版权法》。
毛里求斯工商联合会与中国深圳国际仲裁法庭签署合作协议。
金融服务委员会（Financial Services Commission, FSC）在孟买开设代表处。
引入负所得税制度，收入低于一定金额的工人可获得政府的资金资助。
通过《数据保护法》。
毛里求斯国家银行成为首家将区块链资产用作贷款服务抵押品的银行。

2018　组建经济发展局（Economic Development Board, EDB）作为法人团体。
全国最低工资标准确定为9000卢比。
同意建立国际反腐败协会。
成立金融技术监管委员会。
A1–M1公路开始施工，长350米、高90米的毛里求斯最长大桥开始建设，该工程将缓解雷迪（Réduit）和伊本之间的交通拥堵。
与印度的《全面经济合作与伙伴关系协定》谈判中。
首轮毛里求斯–中国自由贸易协定谈判开始，旨在加强两国间各领域的经济合作。
金融服务委员会和英国金融监管局签订谅解备忘录，加强包括法规在内的金融监管。
印度洋海底交换电缆系统工程进入第一阶段，助力毛里求斯成为技术枢纽。
签署建立大陆自由贸易区的协定。

第2章
为什么到毛里求斯经商?

众多因素表明,在毛里求斯经商是明智的。

2.1 优秀的业绩

毛里求斯以其良好的商业政策赢得了众多荣誉,这些排名证明了毛里求斯的实力。其中包括:在世界领先的旅游搜索引擎KAYAK的"远程办公指数2022"中,毛里求斯凭借其广受赞誉的疫情处理、全岛范围内的4G网络连接和免费的12个月高级签证,在111个国家中位列第4。毛里求斯各领域指数排名如表2-1所示。

表2-1 毛里求斯各领域指数排名

指 数	非洲排名	全球排名
2022年经济自由指数	第1	161个国家中排名第30
经济学人智库:2021年民主指数(完全民主国家)	第1	167个国家中排名第19
智库机构列格坦(Legatum):2021年繁荣指数	第1	157个国家中排名第45
2021年《华尔街日报》和传统基金会:经济自由指数	第1	178个国家中排名第13
科尔尼咨询(Kearney):2021年全球服务地区指数	第2	60个国家中排名第27
2020年国际产权指数全球排名	第1	129个国家中排名第40
2020年社会进步指数	第1	排名第44
2020全球和平指数		排名第23
世界经济论坛:2020年全球竞争力报告	第1	140个国家中排名第54
透明国际:2020年全球清廉指数		180个国家中排名第52

2.2 强有力的法治和稳定的环境

2.2.1 强有力的法治

毛里求斯有法治传统，这是经济成功的基础。其公正的成文宪法保证了司法独立。

毛里求斯拥有基于英国威斯敏斯特模式的法律制度。其法律体系是英国普通法和法国民法的结合，最高上诉法院是英国枢密院司法委员会。司法体系保证了在毛里求斯经商投资的稳定性与安全性，同时也为各种契约和协议提供保护。法院的判决，包括最高法院的商业裁决，均基于现行法律。

此外，毛里求斯以联合国贸易法委员会的示范法为基础，常设仲裁法院，解决国际纠纷。

毛里求斯政府实行私有化政策，保护私有财产。言论、宗教信仰自由和财产权利普遍受到保护。

知识产权也受《版权法（2014）》和《专利、工艺设计和商标法（2002）》的保护，与国际法保持一致。

2.2.2 稳定的环境

在国外进行投资，社会和政治稳定是首要考虑因素。幸运的是，毛里求斯作为一个多元文化社会能保持社会和政治稳定有赖于其强有力的社会契约使政府、私营部门和公民社会结合在一起。

毛里求斯的政治基础建设能够为企业的发展和繁荣制定法律法规。

毛里求斯因其悠久的民主传统而受到国际社会的认可。

自独立以来，毛里求斯没有发生过任何重大的社会、宗教或政治动荡。

每五年举行一次大选，政权平稳交接。

此外，毛里求斯的发展得益于稳定的金融环境和良好的经济状况。

2.3 宜人的经商环境

根据世界银行《2020年营商环境报告》，毛里求斯的经商环境在190个国家中排名第13位。

毛里求斯通过强化法治和确保经济稳定，成功地创造了善于管理且重视商业的环境。此外，毛里求斯通过不断改善基础设施，提高对教育与培训的投资，减少贸易壁垒，维护其在欧盟、美国、南共体和东南非共同市场等主要市场的优惠准入，实行非常有吸引力的政策。

财政上采取高效的税收政策，辅以46项促进国际业务的《避免双重征税协定》。

低税率、高人均国内生产总值和高素质的劳动力是毛里求斯成为商业目的地的突出因素。此外，无劳资纠纷也对投资者具有吸引力。

为了保证经商便捷和顺畅，毛里求斯政府力求政策透明、治理有效和遵守道德规范。毛里求斯是《联合国反腐败公约》的签署国之一，成立了反腐败独立委员会，以及被称为"透明毛里求斯"的独立非政治机构，打击腐败。

近期，毛里求斯建立了经济发展局，推动毛里求斯成为极富吸引力的投资中心、具有竞争力的出口平台和国际金融中心，创造良好氛围，为国内外的投资提供便利。

2.3.1 便利的经商环境

在毛里求斯创立和经营企业很便利。政府正在检查所有受规管的商业活动，从而提高效率，简化商业许可流程，消除瓶颈，实施遵循流程的许可制度。

在此背景下，2017年《商业便利法（临时条款）》得以修订，该法取消了对许可证和执照发放的限制。

毛里求斯致力于建设强劲的数字经济，措施如下：

• 商业注册可在公司和企业注册局（Corporate and Business Registration Department, CBRD）办理。企业卡片通过电子方式签发。

• 中央注册业务数据库使公司注册和税收、地方政府部门联网。

• 建筑和土地使用许可的在线系统允许在线提交申请。

• 牌照在线申请平台为全球企业提供网上执照申请及付款服务，并为政府机构提供互动平台。

• 可在线提交年度纳税申报表。

• 设立专门的政府采购网站实行电子采购。

• 政府根据《经济发展理事会法》建立电子发牌系统，用以申请、处理和确定许可证和执照的授权或审批事宜。

2.3.2 健全的商业监管

商业监管由以下部门执行：

• 毛里求斯银行是各银行、存款机构和外汇交易商的监管机构。

• 金融服务委员会负责监管全球商业部门、资本市场、保险和私人养老金，以及非银行金融服务机构。

• 公司和企业注册局负责为所有企业登记注册。

- 信息与通信技术管理局是信息与通信技术部门的国家监管机构。
- 财务报告委员会是审计人员的监管机构。
- 毛里求斯职业会计师协会是职业会计师的监管机构。
- 检察长办公室负责监管国内律师事务所、合资律师事务所和外国律师行的设立、注册和运作。
- 毛里求斯商业管理局是私人企业的协调机构。
- 中央采购委员会监管公共机构的采购。
- 毛里求斯董事长协会负责推进公司治理，规范董事长的商业和道德行为。

2.3.3 业务支持机构

政府机构和私营部门机构为企业提供多种形式的帮助。

1. 政府机构

- 毛里求斯银行
- 毛里求斯竞争委员会
- 经济发展局
- 金融服务委员会
- 毛里求斯国土有限公司
- 毛里求斯税务局（Mauritius Revenue Authority, MRA）
- 毛里求斯旅游局
- 商业、企业和合作部
- 财政和经济发展部
- 外交、区域经济一体化和国际贸易部
- 工业、商业和消费者保护部
- 信息技术和电信部
- 劳资关系、就业和培训部
- 公司注册局
- 国家投资公司

2. 私营部门机构

- 毛里求斯制造商协会
- 毛里求斯酒店和餐馆业主协会
- 毛里求斯企业家协会
- 毛里求斯妇女企业家协会
- 毛里求斯商业协会
- 美国商会

- 中国商会
- 华商经贸专业联合会
- 伊斯兰工商联合会
- 泰米尔商业与职业联合会
- 印度贸易商协会
- 毛里求斯全球金融协会
- 毛里求斯保险协会
- 毛里求斯商会联合会
- 毛里求斯银行家协会
- 毛里求斯工商会
- 毛里求斯农业商会
- 毛里求斯出口协会
- 毛里求斯–土耳其联合商业委员会
- 毛里求斯外包与电信协会

2.4 表现最佳的财富管理中心

毛里求斯凭借其政治稳定、拥有大量高水平金融专业人才、高透明度和治理标准以及健全的法律和司法框架，对财富管理具有极大吸引力，尤其是针对非洲市场。毛里求斯拥有卓越的生活方式、安全、医疗保健、教育、透明的监管以及具竞争力的税收制度，这些优势吸引了更多的私人财富。另一个关键因素是毛里求斯与约46个经济体签订了税收协定。毛里求斯提供各种许可，例如就业许可、家庭就业许可、高级签证、年轻专业人士就业许可、长期居留签证、居留许可和永久居留许可。毛里求斯引领非洲地区成为高净值人士的最佳目的地。《2022年非洲财富报告》强调，这一趋势包括以下主要因素：

- 营商环境的便利性——根据世界银行《2020年营商报告》，毛里求斯在非洲排名第1，全球排名第13；
- 低税收——鼓励企业创新并吸引退休人士。值得注意的是，毛里求斯没有遗产税或资本利得税；
- 安全性——毛里求斯最近被新世界财富评为非洲最安全的国家，与纳米比亚和博茨瓦纳并列。值得注意的是，安全是任何国家财富增长的关键驱动因素之一；
- 高净值人群的增长——过去10年中，大量富有的个人已经移居到毛里求斯。此外，随着经济的增长，许多本地出生的高净值人士涌现。毛里求斯现在拥有大约4800名高净值人士，而10年前只有2700名高净值人士；
- 快速增长的本地金融服务业和股票市场。[①]

根据新世界财富的增长预测，到2031年，毛里求斯的高净值人士数量预计将达到8000多人。这将使毛里求斯与澳大利亚、新西兰、瑞士和马耳他一起成为全球增长最快的五个高收入市场之一。

财富管理的金融产品和服务
- 银行产品，如组合投资、上市证券交易台（股票、债券和基金）、投资结构化产品、交易所交易基金、非上市证券和共同基金。
- 结构化工具，如信托、基金会和私人信托公司，用于财产规划和继承规划。
- 家族办公室服务，如单一家族办公室和联合家族办公室。

2.5 高效的纠纷解决方案

对外国投资者来说，鼓励投资的一个重要因素是纠纷解决机制实用、可信且完全独立。

在毛里求斯，解决商业纠纷有三种选择——仲裁、调解和诉讼。

2.5.1 仲裁

仲裁通常用于解决商业纠纷。仲裁比法庭诉讼快，费用也较低。仲裁有更大的灵活性，因为当事人在仲裁程序、仲裁员的选择以及适用的法律和规则中有更多的话语权。仲裁结果通常是最终裁决，具有约束力。

毛里求斯的国际仲裁受《国际仲裁法》管辖，遵循联合国国际贸易法委员会制定的《国际商事仲裁示范法》。

毛里求斯设立下列仲裁机构：
- 毛里求斯工商会仲裁中心（详细信息请访问www.mcci.org/arbitration）。
- 毛里求斯国际仲裁中心（Mauritius International Arbitration Centre, MIAC）：最初是由毛里求斯政府和伦敦国际仲裁法院（London Court of International Arbitration, LCIA）组成的LCIA-MIAC合资企业。

毛里求斯国际仲裁中心作为独立机构运营，包括三级结构：毛里求斯政府、国际咨询委员会和秘书处。它遵循现代程序规则，并获得常设仲裁法院的支持，该法院已在毛里求斯设立办事处。

毛里求斯国际仲裁中心还成立了仲裁小组，将非洲、亚洲及其他地区中对替代

---
① 数据来源：经济发展局。

性争议解决方案感兴趣的律师聚集在一起,并建立了仲裁员数据库。

毛里求斯多次参加了非洲国际仲裁会议,包括2010年、2012年和2014年的毛里求斯国际仲裁中心会议;举办了有史以来第一次在非洲主办的2016年国际商业仲裁理事会大会;签署了《毛里求斯透明度公约》。

毛里求斯完全有能力成为卓越的国际仲裁中心,原因如下:
- 具有基于英国普通法和法国民法的混合法律体系。
- 法律体系强大而独立。
- 各部门中仲裁员优秀且声誉良好。
- 外国律师能够代表当事人并担任仲裁员。
- 全国各级法院不得干预仲裁程序。
- 毛里求斯的全球商业公司可在章程中纳入仲裁条款,进行财富管理,解决家族财产的纠纷。

2.5.2 调解

除仲裁或民事诉讼外,当事人还可以通过调解程序解决。调解(调停)是指由中立的第三方私下或非正式性地协助对立各方解决争端的机制。调解可以面对面地进行,使争议可以迅速、私下、经济地解决。

近年来,最高法院大力鼓励当事双方在法庭调解之前解决争端。在此背景下,最高法院于2010年成立了调解中心,促使当事双方在诉讼听证之前达成调解协议。协议一旦达成,调解员将记录调解协议,其与法院判决具有同等效力。

2.5.3 民事诉讼

民事诉讼是指进入法庭进行审判,这是一种被广泛认可的纠纷解决方式。它是法院正式受理的程序,受害方在相应的法庭通过向侵害方提出索赔的方式提起诉讼。

与仲裁一样,诉讼也具有法律约束力。虽然费用高且耗时长,但它往往是解决纠纷最有效的方法。

诉讼的主要优点是可以迅速通过法院程序(有时不通知对方)获得保护资产的法令或禁令(或其他衡平法救济方式),防止对方继续违约或采取其他行动。

1. 法院系统

毛里求斯有完备的法律和法院系统进行监督和/或诉讼。法院对外国人开放的条款和条件与毛里求斯公民完全相同。法院以公正和公平的裁决著称,确保对商业权利和义务的尊重。

2. 法庭的等级

毛里求斯实行单一结构的司法体系,由最高法院和下级法院构成,后者包括中级法院、工业法院、地区法院等（图2-1）。

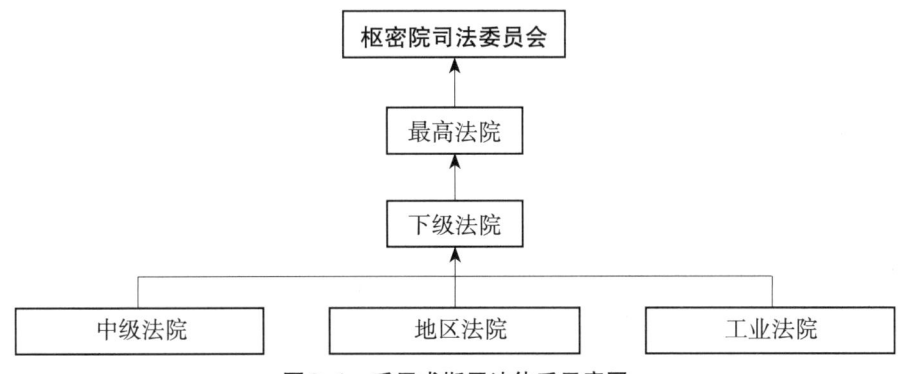

图2-1　毛里求斯司法体系示意图

最高法院下设各种分支机构，诸如主审法庭、家庭法庭、商事法庭、调解法庭、民事和刑事第一法庭、上诉法庭（听取和裁决下级法院的民事和刑事上诉）、民事上诉法庭、刑事上诉法庭（听取和裁决最高法院一审的上诉）。

3. 商事法庭

为了解决商业纠纷，最高法院设立了商事法庭。其司法管辖权包括破产，无力偿清债务，由公司法、银行业务、保险、汇票、离岸业务、工业产权与专利以及商家间的商业纠纷引发的事宜。

2.5.4　特别法庭

除不同级别的法院，毛里求斯还有一系列具有有限管辖权的法庭，通过专业知识确认和判定相关事实，包括评估审查委员会、公务员仲裁法庭、就业关系法庭、环境及土地上诉审查处、公平租金法庭、信息技术法庭、公共机构上诉法庭、体育仲裁法庭。

2.5.5　法律职业

法律职业分为指导出庭的律师代理人、辩护律师、主要处理财产转让与继承事务的公证人三类。

2.6　低税率管辖区域

对企业而言，税收是最重要的成本考量，也是在何处开展业务的关键因素之一。毛里求斯为吸引投资，其税率和税法极具竞争力。

在此必须指出，毛里求斯并不是税收避难所或财务天堂。事实上，毛里求斯的税收制度已获得经合组织批准。

根据2017年布拉德利·哈克福德公司的报告，在生活质量、法律与人身安全等指标中，毛里求斯在全球征税最少国家排名中位居第7。

2.6.1 企业税收的国别比较

毛里求斯企业税收的国别比较如表2-2所示。

表2-2 企业税收的国别比较

	毛里求斯	撒哈拉沙漠以南的非洲	美国	德国
每年纳税次数	8.0	38.4	10.6	9.0
办理行政手续的时间/小时	152.0	305.0	175.0	218.0
税收份额（利润百分比）/%	22.4	46.4	43.9	48.8

数据来源：《经商》（2016年）。

2.6.2 税收优惠制度

毛里求斯优惠的税收制度为外国投资者在毛里求斯创办企业提供了独特的条件，具体如下：

- 15%的企业和个人税率
- 利润、股利和资本的自由兑换
- 免税股息
- 无外汇管制
- 无须缴纳资本利得税
- 无财产税
- 无遗产税
- 广泛的《避免双重征税协定》

2.6.3 获得避免双重纳税的权利

在毛里求斯经商的一大好处是可以获得在46个国家和地区避免双重纳税的权利，保证个人的同一笔收入不必在两个国家和地区内重复纳税。该税收协定一般涉及收入、股息和版税。每份协定都包含完全或部分税收豁免条款。税率一般为0%、5%或10%，投资的国家和地区不同，节省的税款也不同。这项协定还在持续完善和更新。

为毛里求斯投资者提供的税收优惠包括：

- 通过减免相当于毛里求斯的税收部分，使投资者免于双重纳税；
- 减少股息和版税的预提税；
- 豁免资本利得税；

- 可能豁免贷款利息。①

1.《避免双重征税协定》

毛里求斯已经和主要新兴经济体签署了46份《避免双重征税协定》，这些经济体包括澳大利亚（部分地区）、卢森堡、新加坡、巴巴多斯、马达加斯加、南非、比利时、马来西亚、斯里兰卡、博茨瓦纳、马耳他、卡塔尔、克罗地亚、摩纳哥、斯威士兰、刚果、莫桑比克、瑞典、塞浦路斯、纳米比亚、泰国、埃及、尼泊尔、突尼斯、法国、阿曼、乌干达、德国、巴基斯坦、阿拉伯联合酋长国、根西岛、孟加拉国、英国、印度、中国、意大利、卢旺达、津巴布韦、科威特、莱索托、佛得角、加纳、泽西岛、塞舌尔、安哥拉共和国、爱沙尼亚等。

2. 印度-毛里求斯《避免双重征税协定》

2016年5月10日，为了防止双重征税和偷税漏税的情况发生，毛里求斯和印度在毛里求斯签订了《关于〈避免双重征税协定〉的修正议定书》。②具体约定如下：

（1）2017年4月1日至2019年3月31日，投资者在印度境内的公司转让股份所产生的收益按正常资本税率的50%缴纳资本利得税。经营实体必须通过主要目的测试和诚信经营测试。毛里求斯公民必须满足以下条件：在毛里求斯认可的证券交易所上市，或前12个月的运营支出达到或超过270万印度卢比（150万毛里求斯卢比）。上市股票的短期资本期限为一年，税率为15%。

2017年3月31日以后，对毛里求斯居民银行在印度产生的利息以7.5%的税率对债权或贷款征收预提税。对于一年以上长期资本资产，由于交易已征收证券交易税，因此无须纳税。

注意：出售印度居民股份所产生的资本收益自2017年4月1日起由印度收税。

（2）印度对2019年3月31日以后的投资收益征收常规资本利得税。

2.6.4 国际税收格局

毛里求斯一贯支持国家间的信息透明、交流与合作。

1.《海外账户税收合规法案》一致性

2013年12月，毛里求斯与美国签订了一份政府间协议（IGA-1互惠模型）以执行《海外账户税收合规法案》。这是一项美国法律，旨在打击偷税行为，防止美国纳税人隐瞒海外账户以及在空壳公司中持有资产。通过与美国的信息交换，毛里求斯金融机构必须向毛里求斯税务局申报美国金融账户，毛里求斯税务局会将信息报给美国国税局。在《海外账户税收合规法案》指导下，信息交换已于2015年12月启动。

---

① 必须有毛里求斯收入管理局开具的税务证明，才能获得协定上规定的优惠。
② 消息来源：印度新闻信息局。

2.《通用报告标准》

2015年6月，毛里求斯签署了经合组织的《多边税收征管互助公约》，为毛里求斯开展税收信息交换提供了法律依据。与此同时，《所得税法》也得到修正，从2017年起实施关于自动交换信息的《通用报告标准》，以及与贸易和投资伙伴进行其他跨境合作。经合组织通过税基侵蚀和利润转移（Base Erosion Profit Shifting, BEPS）项目制定新规则，允许从源头上对利润征税，进一步解决跨国公司的不良利润转移和税基侵蚀。此项目也打击了双重征税。

3.《多边主管税务机构协议》

2017年1月，毛里求斯签署了《关于国别报告信息交换的多边主管税务机构协议》。这些报告为税务机构之间协调提供了更好的机制，防止双重征税和转移定价。

4.《多边公约》

2017年7月5日，毛里求斯签署了《实施税收协定相关措施以防税基侵蚀和利润转移的多边公约》。该公约力求在经济活动创造价值的地方对利润征税。此举显示毛里求斯致力于成为公正透明的司法管辖区，遵守国际准则，禁止"税收协定滥用"。在46份《避免双重征税协定》中，毛里求斯提名23份作为潜在的适用税务协定。

5. 遵从经合组织评级

2017年8月22日，税务透明和信息交流全球论坛推动毛里求斯、爱尔兰和挪威成为经合组织的合规管辖区。

2.7 成熟的国际金融中心

毛里求斯是一个值得信赖、监管良好、实力雄厚的国际金融中心。反洗钱金融行动特别工作组将毛里求斯重新评级为"大部分合规"，增强了毛里求斯作为全球金融服务业领先经济体的地位，同时也巩固了其作为重要的投资目的地，以及非洲和亚洲跨境投资的首选注册地的地位。

毛里求斯已将自己定位为知名的国际金融中心，拥有强大的反洗钱/打击资助恐怖主义行为的监管和监督框架。

金融服务业是毛里求斯经济的核心部分。它为国内生产总值贡献了近10亿美元（占总额的8%），为税收贡献了约1.8亿美元（占总额的8%），提供了超过1.1万个工作岗位（约占熟练劳动力的4%）。[1]

预计到2030年，金融服务业对GDP的贡献将从8%上升至12%。

国际金融中心（IFC）的业务主要包括跨境投资、跨境企业银行业务，以及私人

---

[1] 数据来源：https://www.fscmauritius.org/media/67408/highlights-ofblue。

银行和财富管理三个核心领域。

2.7.1 毛里求斯国际金融中心概览

- 对GDP的贡献为13.1%
- 银行19家
- 全球基金980只
- 就业人数超过1.5万人
- 管理公司195家
- 该行业的年增长率为3.0%。

2.7.2 投资机会

国际金融中心提供多种具有竞争力的金融产品和服务，以及多种投资机会，包括：

- 银行业务
- 金融科技和创新
- 自营保险
- 管理公司
- 家族办公室
- 基金
- 资本市场
- 国际律师事务所/全球法律咨询服务
- 区域财务管理
- 投资银行业务
- 全球总部
- 保险和养老金
- 人民币业务
- 其他金融业务活动

2.7.3 可变资本公司（Variable Capital Company，VCC）

毛里求斯可变资本公司的适时推出，显著提升了毛里求斯作为一个声誉良好的国际金融中心的地位，也改变了其投资基金领域的格局。

除新加坡外，毛里求斯是两个可以使用可变资本公司的经济体之一，不但提高了毛里求斯的竞争力，而且巩固了其作为一个稳健的国际金融中心的声誉。

《可变资本公司法（2022）》旨在扩大基金领域的产品种类，这是金融服务业中最具活力的领域之一。该法案将补充毛里求斯现有的投资基金结构。

可变资本公司是依据《公司法》成立并通过其子基金和特殊目的载体开展业务的公司。

可变资本公司需要获得金融服务委员会的许可才能成立VCC基金。

可变资本公司允许在同一实体内设立子基金和特殊目的载体，以促成每个子实体的资产和负债的隔离和圈定。它必须完全遵守毛里求斯的反洗钱/打击恐怖主义的法律。

可变资本公司可用于设立开放式或封闭式的投资基金和特殊基金，如对冲基金、风险投资基金以及多家族办公室的私募股权基金。

2.8　通往非洲的门户

《2019—2020年全球竞争力报告》和《2020年营商环境报告》使毛里求斯在撒哈拉以南非洲地区处于领先位置，成为与非洲经商的门户，它致力于成为非洲大陆的新加坡。毛里求斯拥有稳定的政治环境，充满活力的金融业，广泛的条约和贸易协议网络，强大的法律、监管和治理框架以及简单有利的税收制度，这些优势可以为非洲的经济增长作出更大的贡献。

2022年英国亨氏顾问公司（Henley & Partners）的《非洲财富报告》显示，目前非洲大陆持有的私人财富总额为2.1万亿美元，预计在未来10年将增长38%，而非洲"五大私人财富市场"共占非洲私人财富总额的50%以上。非洲是全球经济增长最快的市场之一。

根据毛里求斯经济发展局2021年的《促进非洲增长、就业和繁荣的报告》的调查结果显示：由毛里求斯促进的外国投资支持着非洲内地的420万个工作岗位。尽管毛里求斯仅占非洲人口的0.1%，但其经济对非洲大陆的GDP贡献率为0.6%。在进入非洲大陆的所有外国直接投资中，有9%涉及毛里求斯。这些投资高达820亿美元，每年为非洲政府带来约60亿美元的税收。

2.8.1　优势

毛里求斯拥有打开非洲市场的巨大优势，包括：

• 经商便利。

• 属于可信赖的国际司法管辖区域。

• 风险可调控。

• 拥有创新的非洲股票交易所。

• 毛里求斯在世界银行《2018年营商环境报告》中位列非洲第1，世界排名第25

位，在易卜拉欣非洲国家治理指数排名中位列第1。
- 毛里求斯是非洲联盟、南共体、东南非共同市场和环印度洋联盟的成员。
- 毛里求斯签署了46份《避免双重征税协定》，其中16份与非洲经济体有关，承诺降低股息、利息和版税的预提税。
- 毛里求斯与加纳签订双边条约。
- 毛里求斯签署了44份《投资促进和保护协定》，其中23份是和非洲成员国的协定，通过保证投资和收益的自由回返以及保护投资不被征用以消除相关风险。
- 投资管理委员会与非洲签署了31份谅解备忘录，发展包括加纳、塞内加尔和马达加斯加在内的特别经济区。与科特迪瓦和赞比亚的谈判正在进行。
- 毛里求斯不征收资本利得税，而大多数非洲国家的资本利得税在30%~35%之间，因此在毛里求斯注册公司可以节省税金。它实行税收自动抵免政策，在毛里求斯设立的全球商业公司的最高有效税率仅为3%。
- 毛里求斯将自己定位为解决国际争端的区域中心，吸引国际法从业人员担任国际商业仲裁员。
- 毛里求斯自由港是亚洲企业向非洲运输货物的重要物流平台。
- 全体非洲国家元首组成的非洲经济平台已经启动。

2.8.2　提供便利

毛里求斯为在非洲投资提供的便利措施包括：
- 商业人士和专业人士在加速经济一体化国家间自由流动签署谅解备忘录。
- 毛里求斯公民前往非洲大多数国家（4个除外）不要求旅行签证。
- 通过东南非共同市场、南共体和环印度洋区域合作联盟实行优惠的市场准入机制。
- 拥有双语劳动力，容易进入使用法语和英语的非洲国家。
- 在埃及、埃塞俄比亚、莫桑比克、南非和马达加斯加设立区域性大使馆以促进贸易。
- 由经济发展局成立的非洲卓越中心（Africa Centre of Excellence, ACE）提供有关非洲的商业信息。
- 毛里求斯非洲基金会为当地向非洲大陆拓展经济活动的投资者提供资金。
- 国际货币基金组织设立毛里求斯非洲培训机构，帮助非洲各国政府发展必要的经济决策能力，以维持非洲大陆的经济增长。
- 通过非洲战略成为区域贸易、投资和服务的平台。经济发展局在约翰内斯堡开设办事处，以便拓展其业务范围。
- 通过新加坡建立亚洲和非洲之间的空中走廊，把毛里求斯作为进出非洲大陆的门户。

- 在塞内加尔建立第一个经济特区。
- 毛里求斯国际衍生品与商品交易所即将成立，提供衍生品交易平台以对冲非洲货币，并允许非洲高资产净值人士交易黄金、钻石以及其他宝石。

2.8.3 各种刺激因素

毛里求斯其他刺激经济的因素包括：
- 无外汇管制。
- 无外汇限制，允许资金自由回返。
- 有货运补贴，给非洲所有国家（南非和马达加斯加除外）的集装箱提供运费的25%作为补贴（每个集装箱最多300美元）。
- 实施保险担保计划，为出口非洲商品的信贷担保保险费提供50%的补贴。
- 消除南共体内部的贸易壁垒。
- 对持有有效的南共体原产地证书的进出口货物免征关税。
- 对向非洲出口特定产品的公司授予自由港法律地位。

2.9 优质的人力资源

高效的劳动力是商业成功的关键因素。毛里求斯的劳动力队伍的独特优势是优秀且有活力，极具市场竞争力。这支队伍拥有一流的素质、技能和经验，且工资价位较低。

由于毛里求斯全民接受免费和义务教育直到16岁，识字率全非洲最高。毛里求斯提供了大量熟练且适应变化的劳动力人群，工资标准相对低于发达国家。

根据人口统计，目前毛里求斯有29.2%的人口在30岁以下，意味着未来的劳动力非常年轻。大部分毛里求斯人都会说英语和法语。印地语、汉语普通话和乌尔都语也被广泛使用。当地人的生活方式既有欧洲特点也有亚洲特点。

公立大学、医学院、商学院、专业培训中心、工程学院和理工学院提供了高质量的教育。与此同时，由毛里求斯培训与发展研究院实施的职业培训制度有效保证了在电子和工程等领域提供合格的劳动力。另一个专业机构是毛里求斯酒店学院。

商业人士能够非常便捷地获得包括会计和律师在内的专业人员的服务，他们都是国际认可的专业团体的成员。这些专业服务，例如审计、税收、会计、管理咨询、公司文秘、项目管理等，都是高标准的。

此外，全球四大会计师事务所都在毛里求斯设立了分支机构。

2.9.1 外国劳动力

毛里求斯政府对国外人才和专业人士表示欢迎,并颁布法律鼓励他们到毛里求斯工作和生活。例如,移民的各项政策对外国公民家庭非常友好,通常情况下,他们能够携配偶和被抚养人一同到毛里求斯。

根据毛里求斯统计局(Statistics Mauritius, SM)的数据,截至2017年5月,国内劳动力市场约有39 454名外国员工,其中29 454人为男性,10 000人为女性。他们主要来自中国(2421人)、印度(8401人)和孟加拉国(21 967人)。他们大多受雇于纺织厂,也有一些在建筑业、金枪鱼罐头加工业、酒店和餐饮业工作。劳工部在签发工作准证(详见第6.5节)之前必须批准雇用这些外国员工。

2.9.2 劳资关系

毛里求斯拥有完整的劳资关系架构,旨在有效解决劳资纠纷。例如,工业法院对企业雇佣关系纠纷进行听证和调节,并设立劳资关系法庭处理劳资双方的劳动争议。

三个主要的工会,即毛里求斯劳工大会、毛里求斯工会和全国工会联合会,与其他具体的工会一起,在劳工领域具有主导地位。

工人的权利受《就业权利法》的保护。毛里求斯1979年以来没有出现大规模罢工。参加工会的工人不到劳动力的25%,很少出现经营被中断的情况。

毛里求斯每年都积极参与在日内瓦举行的国际劳工组织年度大会,并且遵守核心公约,保护劳工的权益。

2.10 完善的基础设施与网络连接

毛里求斯高质量的基础设施和网络连接是有效开展业务的关键。政府投入了大量人力物力来发展可靠、高效和支持性的基础设施,可以与发达国家最好的基础设施相媲美。

毛里求斯正在大规模升级道路交通,改善公共设施,强化卫生与教育设备,同时对港口和机场等战略性基础设施进行现代化改造。

2.10.1 基础设施

毛里求斯提供的基础设施主要如下:

(1)覆盖全岛、发达且维护良好的道路和高速公路网络。

(2)区域内效率最高的海港之一——路易港。路易港提供与印度洋、非洲、大洋洲、美洲、亚洲和欧洲主要港口的航运连接。作为毛里求斯唯一的海洋通道,其在

2007年处理了99%的对外贸易，贡献了2%的国内生产总值。路易港是撒哈拉以南非洲地区第三大深水港，目前吃水深度为14米。它的目标是成为每年有数千船只停靠的区域性港口，而毛里求斯届时将成为区域转运中心。

（3）完善的机场。西沃萨古尔·拉姆古兰爵士（Sir Seewoosagur Ramgoolam）国际机场与欧洲、亚洲、大洋洲和非洲大多数城市都建立了良好的交通联系，并由主要的国际航空公司提供服务。最新通航的航空公司包括奥地利航空公司、土耳其航空公司和汉莎航空公司。毛里求斯机场和新加坡樟宜机场之间的新空中走廊已经搭建完毕。

2014年毛里求斯赢得了由Skytrax颁发的印度洋国家最佳机场奖。

西沃萨古尔·拉姆古兰爵士国际机场将扩建其航站楼，并兴建一个占地71万平方米的空运和自由港区，这将使毛里求斯成为国际空运货物转运中心。

（4）邮政和快递服务。诸如中外动敦豪快递（DHL）、联邦快递（FedEx）、TNT和美国联合包裹运送服务公司（UPS）均提供非常可靠的服务。

（5）公共汽车和出租车。公共交通费用低；出租车价格实惠，安全可靠、高效。

（6）电力和水的供应稳定。全岛的电力和水供应可以满足农业、工业和家庭使用。

2.10.2 网络连接

1. 具有竞争力的时区

毛里求斯地处战略时区，早上可以与远东地区做生意，中午时分可以与中东和欧洲地区做生意，下午晚些时候可以和美国、加拿大和拉丁美洲做生意。

2. 数字连接

毛里求斯拥有完善的电信基础设施，包括光纤电缆连接，并拥有国际拨号设施、高速传真和互联网服务，达到如ADSL、IP-VPN、IPLC、MPLS和4G等世界一流的通信标准。[①]

全岛350个公共场所免费提供WiFi服务，包括社区中心、青年人活动中心和社会福利中心。

全国范围内的开放数据门户已经建立，公民和企业能够积极响应数字化建设。

注意：国际私有租用线路和多协议标签交换服务的价格至少降低了15%。

3. 信息的自由流动

- 互联网访问不受限制。
- 政府服务信息容易获取。
- 新闻和言论自由受宪法保护。

---

① 参见世界银行集团《营商环境报告：衡量商业规则》。

2.11 高品质的生活

企业在投资创办之前,通常会关注当地的经济和政治状况,而生活质量也是一个重要考量因素。

经济与和平研究所发布的《2016年全球和平指数报告》称,毛里求斯是世界上无暴力冲突的10个国家之一。它最近也被全球市场研究机构新世界财富评为非洲最安全的国家。

毛里求斯是一个热情好客、富有吸引力的地方。它能够为外籍人士及其家人提供很多便利,包括全年充足的阳光、完善的教育体系、良好的医疗服务、低成本的生活、国际化的生活方式、合理的房价、多元化运动和娱乐项目、工作与生活平衡的生活方式、友善好客的当地人。

2.11.1 气候

海岛上良好的气候为全年舒适高质的生活锦上添花。毛里求斯属于亚热带气候,全年只有两个季节:夏季(11—4月),平均气温为17~34℃;冬季(5—10月),平均气温为11~27℃。在沿海地区,夏季气温比平均气温高4~5℃,湿度也更大。

2.11.2 连通性

除了地理上接近世界主要市场,毛里求斯在连通性方面也得分很高。毛里求斯几乎与世界上每个国家都有航空联系。此外,毛里求斯还建立了先进的电信基础设施,能够与世界各地进行全天候的网络连接。

2.11.3 餐饮

根据《电讯报》2017年报道,毛里求斯的街头小吃使其跻身世界十大美食国家之列。各种各样的美食反映了毛里求斯丰富多彩的文化。法国菜、克里奥尔菜、印度菜、中国菜和英国菜随处可见。此外,还有几家专做南非、日本、泰国和意大利菜的餐厅。餐厅自动收取15%的增值税。毛里求斯啤酒也是世界知名的特色饮料,吸引着人们敏感的味蕾。一般饮食价格如下表:

饮食	价格
一人份餐食,低档餐厅	200卢比
两人份餐食,中档餐厅,三道菜	1200卢比
麦当劳套餐(或同等套餐)	200卢比

续表

饮食	价格
国产啤酒（0.5升散装）	87.5卢比
进口啤酒（0.33升瓶装）	100卢比
卡布其诺咖啡（普通）	63.76卢比
可口可乐/百事可乐（0.33升瓶装）	32.27卢比
水（0.33升瓶装）	19.47卢比

数据来源：2018年4月Numbeo（全球最大的城市生活资源数据分析网站）。

2.11.4 文化与节日

毛里求斯拥有丰富多样的文化传统，是法国、欧洲、印度、中国、英国和非洲等个国家和地区的不同文化相互融合的产物。这里没有土著文化。

毛里求斯文化的另一个特点是其丰富多彩的节日，反映了和睦相处的多种族色彩。伊斯兰教开斋节、中国春节、印度教排灯节和基督教圣诞节是法定节假日，举国庆贺。公众假期和节日的数量之多、种类之丰富也是毛里求斯多元文化的体现。

毛里求斯有名为"塞卡"的本土音乐和舞蹈，舞蹈动作热情奔放，源自非洲大陆。

2.11.5 教育

毛里求斯提供了高质量的公立和私立教育。

毛里求斯承袭英国教育体制，但法语是被广泛使用的教学语言。毛里求斯的成人识字率约为90%，受益于直至高等教育阶段的免费教育，以及面向16岁以下学生的义务教育。所有学生于在校期间都可以免费乘车上下学。大部分学校都要求学生穿校服。

1. 中小学和大学

从幼儿园、小学到中学、大学，毛里求斯提供了多种教育选择。孩子到3岁必须上幼儿园。小学教育年限为6年。政府推出了九年一贯制教育，初等教育证书取代了小学六年级的毕业评估。学生们在初中阶段需参加剑桥普通水平证书考试（O' level）。到了高中阶段，需参加剑桥高等中学A级证书考试（HSC/A' level）。之后，学生可以选择是否接受高等教育。毛里求斯主要有两所公立大学，分别是毛里求斯大学和毛里求斯理工大学。此外，还有超过44个高等教育中心。

2. 公立学校

公立学校由政府出资，为所有儿童提供免费教育。

3. 私立教育机构

私立学校在课程设置和日常管理方面不受国家管制,由私人出资建造。私立英语中学和法语中学提供国际认可的证书,如剑桥普通教育证书(普通水平和高级水平)、国际文凭课程和法国高中毕业会考证书。

毛里求斯有多所学校可满足外籍人士子女的教育需要。私立学校的平均学费为每月300～400美元。

其他与海外著名大学有联系的私立教育机构,可以提供国际认可的学位和研究生文凭资格。

4. 托儿中心

毛里求斯有许多为6岁以下婴幼儿提供服务的托儿中心。各个中心的收费有所不同,取决于提供的配套服务。

对于学龄前儿童(3～6岁),包含一顿午饭的整托费用每月大约6000卢比。

对于3个月到3岁之间的儿童,包含食物和牛奶的整托费用每月大约6800卢比。

2.11.6 金融业

毛里求斯拥有发展完善的银行体系。国际信用卡和借记卡几乎可在全岛的任何地方使用。全岛设有自动提款机,交易方便快捷。

2.11.7 医疗保健

在健康方面,毛里求斯很少有亚热带国家的疾病。医院和医疗中心提供免费的公共医疗服务。私人诊所拥有达到国际标准的医疗设施,并收取服务费用。健康与医疗中心在植发、整形手术、试管授精、心脏病手术、肾脏移植、传统医学、神经疾病治疗和牙齿护理领域提供高水平的治疗手段。

毛里求斯药房众多,可以批发和零售。药房营业时间不一,一些城市的药房营业到很晚。

2.11.8 住房

毛里求斯提供从独栋房屋(平房)、排房到公寓的不同住房选择。

寻找住房者可以雇用房地产经纪提供服务,浏览互联网和/或查看报纸了解租房信息。

注意:外籍人士必须保证租住和/或购买房屋时遵守法律。

1. 租赁物业

租金根据地点、建筑物状况,以及房屋是否备有家具而定。

租赁协议通常以年为单位签订,此后选择是否续租。租赁/租用合同是强制性文件。

房东通常要求预付租金和一定押金。水电杂费定价合理。

2. 租住公寓的费用①

月租金	市中心单卧室公寓	11 500卢比/平方米
	城外单卧室公寓	8535卢比/平方米
	市中心三室公寓	24 533卢比/平方米
	市郊三室公寓	15 866卢比/平方米
每月水电杂费	85平方米公寓的基本费用（电、暖气、水、垃圾处理）	2400卢比/平方米

3. 购买房产

外籍人士获得总理批准后，经毛里求斯经济发展局授权，可以购买不低于600万卢比的公寓，其建筑必须为两层以上。外籍人士也能够按房地产开发计划、智慧城市计划、酒店投资计划（详见4.2～4.4节）和回归居住计划（详见6.6节内容）购买价值不低于50万美元的居住房产。

4. 购房费用②

毛里求斯市中心的房价一般为55 000卢比/平方米，市中心以外的房价一般为34 303卢比/平方米。

注意：毛里求斯银行和其他金融机构提供贷款和抵押贷款服务。

2.11.9 家政服务

在毛里求斯能够使用和负担各类家政服务是一种享受。佣人、厨子、管家、园丁和保姆在毛里求斯司空见惯。兼职保姆按小时提供清洁和做饭的服务。一些提供驾驶、清洁、安保和餐饮服务的团体也很容易找到。

2.11.10 语言

毛里求斯将英语作为商务官方语言。大多数毛里求斯人能流利使用英语和法语两种语言。毛里求斯也有自己的方言，是广泛使用的克里奥尔语。印地语、波吉布里语、乌尔都语和汉语也有人使用，还有人使用泰米尔语、泰卢固语、马拉迪语和古吉拉提语等，造就了一个使用多种语言的大熔炉。

2.11.11 休闲活动

毛里求斯娱乐休闲场所众多，如商场、沙滩、高山、酒吧和夜总会等。海滩为

---

①② 来源：2017年9月，Numbeo（全球最大的城市生活资源数据分析网站）。

游泳和其他水上运动提供了充足的机会，如浮潜、水肺潜水、潜艇活动、帆板运动、风筝冲浪、滑水运动。人们也有机会进行游艇和双体船航游活动。

除了餐馆、酒吧和夜总会，赌场是毛里求斯夜生活的另一特色。有些赌场在商业区，在路易港［莱斯派乐斯民俗村（Domaines les Pailles）、蔻丹广场（Caudan Waterfront）］和鸠比市（Curepipe）都可以找到。赌博在毛里求斯是合法的，并延伸到网上赌博和洛托国家彩票。

赛马运动也非常受欢迎，每年3—12月的周六或周日在路易港的玛尔斯广场（Champ de Mars）举行，吸引全世界的骑师前来参加。

毛里求斯是最佳深海捕鱼地之一，每年举行深海捕鱼比赛——马林鱼世界杯赛。

毛里求斯以其独特的高尔夫球场跻身世界十大高尔夫度假目的地之列。鹿岛（Iles aux cerfs）高尔夫俱乐部环境幽静，被选为最佳高尔夫俱乐部。根据2016年《高尔夫世界》排名，它在全球20个最佳高尔夫俱乐部中排名第一。

在毛里求斯运动和休闲的费用一般如下：一个成人每月的健身俱乐部费用为1405卢比；（周末1小时）网球场租金为406卢比；进口电影（每个座位）的费用为250卢比。①

2.11.12　媒体

毛里求斯享受宪法赋予的新闻和言论自由，其双语文化在媒体中得到体现。报纸非常受欢迎，有6份日报、14份周报，还有一些杂志。新闻机构必须遵守出版业的法规（如禁止通报、煽动、诽谤等）。

毛里求斯有三家私人电台，即Radio Plus、Radio One和Top Fm。毛里求斯广播公司是唯一的公共广播（广播和电视）机构。大多数毛里求斯人也可以使用有线卫星套餐，如南非数字卫星电视（DSTV）、毛里求斯有线电视（Parabole Maurice）和加纳尔电视频道（Canal Plus）。

2.11.13　宠物

要进口宠物，外籍人士必须从位于雷迪的农业和食品安全办公室兽医处取得进口许可证。申请人必须在狗或猫到达的前3个月递交申请。宠物必须装在由国际航空运输协会（International Air Transport Association, IATA）认可的容器中，并获得毛里求斯兽医处官员的批准方可登陆。检疫通常是强制性的。

注意：有些品种的狗是不允许进入的，比如美国斗牛犬、罗威纳犬和杜宾犬。

---

① 2017年9月，Numbeo（全球最大的城市生活资源数据分析网站）。

2.11.14 交通

交通方式包括租车、公共汽车、出租车和一种称为Metro-Express的轻轨系统，它从路易港到鸠比市往返运行。

1. 公共汽车

公共汽车是普遍的交通方式，覆盖了全国大部分地区。

营运时间：5:30—20:00（市区），6:30—18:30（乡村地区）。

官方网站：http://www.mauritiusbuses.com.

票价：单程票（当地交通）为33卢比；月票固定价格为850卢比。

2. 出租车

出租车可在出租车车站或宾馆租用。所有出租车的车门上都有一个黄色的方框，用来指示路线，车顶有出租标记。

官方网站：http://www.taxicabmauritius.com；www.taxiservices.mu；www.taximauritius.com.

费用：出租车起步价（标准运价表）为120卢比；出租车1公里价格（标准运价表）为100卢比；出租车等候1小时价格为300卢比。[①]

注意：毛里求斯出租车不设计价表。在租用之前，最好先谈妥车费。也可以使用租车公司的服务。

3. 各种车辆

所有车辆不论车龄和发动机功率，一律收取15%的增值税。车辆注册费从100美元到300美元不等，主要取决于发动机功率。

要走遍毛里求斯，自驾是最方便的。外籍人士如有原住国颁发的驾驶证，在毛里求斯逗留期间可以驾车。如果外籍人士打算在毛里求斯长期居住，最好将原住国的驾驶证换成毛里求斯驾驶证，支付500卢比即可。

毛里求斯的车辆靠左侧行驶，右侧路口的车辆应优先通行。

毛里求斯的所有路牌都符合国际标准，且不设收费站。所有乘车者必须系上安全带。

全岛安装了大量测速固定雷达和摄像头，而且数量在不断增加中。

2.12　广泛的贸易协定网络

得益于不断扩大的促进跨境商务和贸易的贸易协议网络，毛里求斯企业拓展国际业务的成本得以降低。

---

① 来源：2017年9月Numbeo（全球最大的城市生活资源数据分析网站）。

毛里求斯根据《科托努协定》与欧盟达成了优惠协定，并根据《非洲增长与机遇法案》（African Growth and Opportunity Agreement, AGOA）与美国达到了优惠协定。

毛里求斯加入了东南非共同市场、南部非洲发展共同体（South African Development Community, SADC）、印度洋委员会（Indian Ocean Commission, IOC）、欧盟–加勒比–太平洋国家临时经济伙伴关系协议（Interim EPA）以及《非洲增长和机遇法案》等区域经济体，提供特惠市场准入，保证了全球26%的人享有优先准入权。

此外，毛里求斯还与土耳其和巴基斯坦签署了自由贸易协定和特惠贸易协定。

毛里求斯与印度尼西亚就一项涵盖货物贸易的自由贸易协定已开始进行谈判。

2.12.1 《非洲大陆自由贸易协定》（African Continental Free Trade Agreement, AfCFTA）

《非洲大陆自由贸易协定》通过降低或逐步取消关税和消除非关税贸易和投资壁垒，建立了一个覆盖54个非洲国家的货物和服务贸易自贸区。该协定有望到2022年将非洲内部的贸易增加52%。

《非洲大陆自由贸易协定》由三项议定书组成，分别涉及货物贸易、服务贸易和解决争端的规则和程序。

随着《非洲自由贸易区协定》的生效，毛里求斯现在可以优先进入非洲的主要市场，不受关税、非关税壁垒和成员国之间货物和服务贸易的其他限制。

2.12.2 《中国-毛里求斯自由贸易协定》

2021年，毛里求斯与中国签署了自由贸易协定。该协定包括服务贸易、货物贸易、经济合作和投资4个主要方面。

中毛自由贸易协定为毛里求斯实现了中国关税表中96%的产品免税准入待遇，涉及8547种产品，涵盖40多个行业。该自由贸易协定涵盖毛里求斯6375个税目。

2.12.3 《全面经济合作与伙伴关系协定》

毛里求斯和印度之间的《全面经济合作与伙伴关系协定》于2021年4月1日生效。该协定涉及货物贸易、原产地规则、服务贸易、技术性贸易壁垒、卫生和植物检疫措施、争端解决、自然人流动、电信、金融服务、海关程序和其他领域的合作。

根据该协议，毛里求斯将受益于降低对印度出口的近615种产品的关税，而印度将受益于为毛里求斯市场降低近320种印度产品的关税和税收。详情请见：https://commerce.gov.in/international-trade/trade-agreements/。

2.12.4 与英国的协议

需要注意的是，随着英国脱欧，毛里求斯已经就ESA-英国经济伙伴关系协议与英国签署了一项经济伙伴关系协议。该协定将确保毛里求斯产品进入英国市场的同等待遇。ESA指的是东部和南部非洲地区，包括马达加斯加、毛里求斯、塞舌尔、津巴布韦和科摩罗。

2.12.5 毛里求斯-伊朗合作

伊朗贸易促进组织与毛里求斯经济发展局签署谅解备忘录，旨在促进两国之间的经济交流。该协定主要涉及促进对出口型制造业的投资，还包括轻工业、农产品加工业、制药业、医疗保健、自由港和物流、建筑业、酒店业、教育等领域。

2.13 科技创新中心

在2022年全球创新指数中毛里求斯位于非洲第一，在132个全球国家中排名第45。毛里求斯具备培育创新经济的良好条件，拥有不断壮大的高技能人才队伍、扎实的政府支持计划、监管沙箱牌照以及全国90%覆盖率的高速互联网先进信息技术基础设施。毛里求斯鼓励创新型初创企业设立科技和金融科技公司。

2.13.1 一个蓬勃发展的创新生态系统

毛里求斯作为一个发展创新的理想之地的吸引力在于其生态系统。

1. 创新者职业许可证

创新者职业许可证旨在培育毛里求斯的创新生态系统，欢迎有抱负的企业家和初创企业将研发作为其活动的核心方面。最低投资标准不适用于此类别。决定性因素是一个创新的项目至少有20%的研发获得经济发展局批准。非公民必须将其创新项目提交经济发展局评估和批准，或在毛里求斯研究和创新理事会认可的孵化基地注册。

2. 金融服务委员会或毛里求斯银行中的监管沙箱牌照

"监管沙箱"是指一个受监管的测试环境，允许许可证持有人或授权法人进行模拟或真实的实验，监管机构为金融服务委员会或毛里求斯银行。

监管沙箱牌照框架对于开发创新产品和服务至关重要，包括还没有毛里求斯法律监管的金融科技服务。投资者需要向毛里求斯银行或金融服务委员会申请许可证。

为加强金融科技行业的发展，毛里求斯金融服务委员会和毛里求斯银行也颁发沙箱授权。该授权将提供一个受控环境，让创新产品在提交申请并达到监管要求之前进行测试。金融服务委员会和毛里求斯银行将建立金融科技创新中心和数字中心。

3. 经济发展局主管下的监管沙箱牌照

经济发展局为投资者提供了有利的环境，方便他们开展没有法律框架或现行地方立法没有适当条款规定的商业活动。监管沙箱牌照由经济发展局颁发给符合条件的公司，即这些公司愿意根据一套约定的条款和条件，在规定的期限内投资于非相关的金融科技创新项目。

如需了解非相关的金融科技创新项目更多的信息，请通过email@edbmauritius.org联系经济发展局。

4. 创新税收激励措施

参与创新推动活动的新成立公司在毛里求斯开发的知识产权资产所获得的收入可享受8年的免税期。

2.13.2 蓬勃发展的初创企业氛围

毛里求斯已经成为初创企业的肥沃土壤，特别是在信息技术、媒体、生命科学以及创意产业领域。

毛里求斯提供一个可靠而有吸引力的初创企业生态系统，包括良好的技术和商业学校、联合办公空间、金融计划和天使投资人。

第3章
外商投资

毛里求斯一贯欢迎外国投资力量,并平等对待外国投资者。

根据世界银行的《跨国投资报告》,毛里求斯是世界上对外国产权开放程度最高的经济体之一,也是外国直接投资最多的国家之一。

毛里求斯政治和经济稳定,监管制度简单,税收优惠力度大,国民受教育程度高,劳动力技术熟练,环境有利于商业活动,电信通信稳定,金融业发达,运输基础设施强大,是吸引外国投资者的好地方。其主要优势在于地处海上航线十字路口的战略位置以及靠近重要市场。

3.1 概述

3.1.1 直接投资流动总额

根据毛里求斯银行公布的最新统计数字,2017年毛里求斯的直接投资总额已上调至174.91亿卢比。投资流入的主要行业是房地产业,达87.93亿卢比,其中大部分投资来自综合度假村计划、酒店投资计划、房地产开发计划(57.75亿卢比)。金融与保险、建造是另外两大投资流入行业,投资流入分别为65.86亿卢比和10.51亿卢比。

3.1.2 业务进入路径

毛里求斯业务进入路径如下所示:
- 并购-接管。
- 合资企业。
- 使用代理、批发商。
- 出售特许权。
- 自由港活动投资。
- 银行业务投资。
- 经金融服务委员会批准,在全球业务活动中投资。

- 投资于保险业务、基金业务和任何非银行金融服务实体。
- 对所有商业领域的投资。
- 绿地投资项目。
- 在毛里求斯中小企业机构的帮助下对小企业的投资。
- 作为投资者和/或个体经营者的投资。
- 对符合条件的企业投资至少50万美元。
- 电子商务。
- 智慧城市。

3.1.3 投资者身份定义

根据《经济发展局法案（2017）》，毛里求斯对投资者身份的定义如下：

（1）投资者是指根据《企业注册法案》向公司注册局登记并满足以下1～7项条件且正在进行或计划进行任何经济活动的人士。

①投资者（仅适用于公司）：初始投资10万美元或同等价值的可自由兑换外币，年营业额超过400万卢比。

②个人投资者：初始投资超过10万美元或同等价值的可自由兑换外币。

③其他投资者：项目价值超过2000万卢比。

④已在营运但未在经济发展局注册的投资者：资产净值至少为10万美元或同等价值的可自由兑换外币；在申请就业许可之前的3年内累计营业额至少为1200万卢比；任何一年的营业额至少为200万卢比。

⑤投资者：初步投资为10万美元或同等价值的可自由兑换外币，其中：（a）至少应转让2.5万美元；（b）其余为同等价值的高新技术机器和设备（在首席执行官可能确定其标准的情况下）。

⑥创新型电子创业投资者：初始投资为4万美元或同等价值的可自由兑换外币，用于研究和开发的最低业务支出为总投资额的20%。

⑦在前一投资者死亡或丧失行为能力的情况下继承了一项产业的个人投资者：资产净值至少为10万美元或同等价值的可自由兑换外币；过去3年累计营业额至少为1200万卢比；每年的营业额至少为200万卢比。

（2）投资者包含：①非毛里求斯公民；②控制权或管理权归属于非公民的社团或团体；③不包括小型企业或手工业企业。

3.1.4 在毛里求斯投资的第一步

外国投资者在毛里求斯投资的第一站是经济发展局，它是负责吸引投资者的主要政府机构。

作为指导毛里求斯未来发展的战略机构，经济发展局的成立标志着毛里求斯经济格局的新开端。

经济发展局的任务是促使毛里求斯成为有吸引力的投资和商业中心、有竞争力的出口平台以及国际金融中心。

经济发展局办公室地址：毛里求斯路易港朱尔斯·科恩街（Jules Koeing Street）16号，1座大教堂广场大楼（One Cathedral Square Building）10楼

电子邮箱：contact@edbmauritius.org

电话：+230 203 3800

传真：+230 210 8560

网址：www.edbmauritius.org

3.2 经济发展局

毛里求斯经济发展局是促成对毛投资和经济活动的主要政府机构，由毛里求斯投资促进局、毛里求斯企业局和金融服务促进委员会整合而成。

在迪拜举行的2018年年度投资会议上，毛里求斯经济发展局获得"南非地区最佳投资项目"亚军荣誉。

3.2.1 经济发展局的工作目标

经济发展局的工作目标如下：

（1）为战略性经济规划提供有力的体制支持，确保经济政策的一致性和有效性。

（2）促使毛里求斯成为有吸引力的投资和商业中心、有竞争力的出口平台以及国际金融中心。

（3）成为促进对毛投资的国家品牌主要机构。

（4）为促进外来投资和对外投资提供有利的商业环境。

3.2.2 经济发展局的职责和权力

1. 职责

经济发展局的职责如下：

（1）向政府提供高层次的经济战略和政策建议。

（2）在宏观经济层面启动和开展必要的经济研究，与利益相关者就经济事务进行接洽，并制定投资和贸易的促进政策、计划和战略。

（3）促进不同机构和公共部门在经济多样化方面的协作，提高出口效率。

（4）在社会经济发展、贸易发展、出口和投资促进、基础设施发展、劳动力市场改善和商业便利化的适当政策和战略方面向政府提供咨询意见。

（5）为具有重要经济战略意义的重大项目提供咨询意见及便利。

（6）监督和评估政策及项目的结果。

（7）改善商业环境，开展活动，使毛里求斯成为有吸引力的投资基地和国际金融中心。

（8）寻求机会发展新的经济领域，并与国际伙伴合作，建立战略联盟，为这些领域建立适当的生态系统。

（9）领导对外投资，协助发展合资企业和伙伴关系。

（10）联络相关部门为投资者注册，是投资者进行投资的单一接口。

（11）负责执照、许可证的颁发，以及给予授权或官方许可。

（12）管理电影退税计划、酒店投资计划、相关居留计划、房地产开发计划或部长可能批准的其他计划。

（13）向有关部门和机构发出指示，以便及时发放执照和许可证，给予授权和官方许可，要求有关机构出示拒绝发放任何执照、许可证、授权或官方许可的理由，并向公共机构和其他相关机构发出指示，以审查和重新设计与执照、许可证、授权、官方许可相关的程序，公布适当的准则。

2. 权力

经济发展局有以下权力：

（1）设立董事。

（2）设立所需的小组委员会、技术委员会或咨询委员会，以协助董事局或行政总裁执行其职能。

（3）以特殊目标形式设立或持有股份，或享受其他权益，包括毛里求斯–非洲基金有限公司或委员会可能决定的公司。

（4）采取任何有助于实现该法案各目标的措施。

3.2.3 商业便利化一站式服务

经济发展局提供商业便利化一站式服务，目的是为项目价值超过2000万卢比的企业的成立和运作提供便利，并作为唯一权力机构，为企业提供其所需的一切支持和信息。商业便利化一站式服务应接收企业创办者根据成文法则提出的注册申请、许可证、执照、授权或官方许可申请，并将申请转交相关公共部门，以确保每份申请都得到快速处理。

不过，公共部门须在切实可行的范围内，尽快但不迟于法定时限起计3个工作日内，将申请未能批准的原因通知首席执行官。首席执行官收到通知后，可审查理由，并向有关公共部门提出建议。

3.2.4 经济发展局注册程序

向经济发展局提出的申请,以首席执行官决定的形式及方式进行。

3.2.5 撤销注册

当已注册人存在以下情形时,经济发展局将撤销其注册:

(1)在其申请中提供任何虚假或具误导性的信息、文件或详情,或不再符合《移民法》发出就业许可、居住证或永久居留许可证的标准;

(2)不再符合其注册的标准和条件;

(3)注册人损害毛里求斯声誉的,或正在或曾经违反毛里求斯的法律,经济发展局可通过书面通知形式,要求该注册人在通知书送达日期起计30天内,提出不应撤销其注册的理由,以及不应撤销其就业许可、居住证或永久居留许可证的理由。

如果经济发展局考虑该案的所有情况后,认为应撤销已注册人的注册,则须注销该注册人的登记,并通知入境事务官员。

3.3 投资框架

根据2016年传统基金会经济自由指数,毛里求斯是位居非洲第1位、全世界第15位的最自由的经济体。毛里求斯实行开放的市场经济政策,对外国资本、人才和思想完全开放。为了吸引外国公司,毛里求斯减少了官僚式的通行壁垒,并提供了税收奖励和投资保护。

3.3.1 政府对外国投资的政策

毛里求斯的投资条例符合世贸组织《与贸易有关的投资措施协议》。毛里求斯自1994年以来没有外汇管制。因此,无须毛里求斯政府同意,投资者可以将利润、股息、版税或利息留在毛里求斯或转出毛里求斯。

注意:如果存款超过50万卢比,则必须根据《金融情报和反洗钱法》(Finance and Intelligent Anti-money Laundering Act, FIAMLA)确保交易的合法性。

经济发展局是负责吸引投资者的主要政府机构。毛里求斯政府认为,竞争促使企业提高效率和反应能力,因此设立了竞争委员会,负责管理《竞争法》。此外,毛里求斯实行了灵活的移民政策,鼓励投资者和企业家进行投资。

1. 受管控的经济行为

(1)毛里求斯在电视广播和制糖方面存在限制。

(2)外国投资者的股票交易不需要经过批准,除非投资是为了对毛里求斯公司进行法律和管理控制,或者是为了在一家糖业公司持有15%以上的股份。

（3）任何投资者若经营与旅游有关的经济活动，例如经营宾馆、游艇租赁、经营水肺潜水项目及开设旅行社业务，应先咨询旅游局，以核实是否获得批准。

（4）所有离岸业务都需要得到金融服务委员会的批准。

2. 政府控制产业

毛里求斯通过国家贸易公司控制大米的进口（只有非巴斯马蒂香米和其他奢侈大米、面粉和石油产品）。农业销售委员会控制着某些农产品的进口。国家持有毛里求斯国家银行、毛里求斯航空公司（国家航空公司）和毛里求斯电信公司。国家控制邮政、广播、水电等主要公用事业。

3.3.2　投资激励因素

- 政治和经济稳定。
- 有利的商业环境。
- 投资安全，有保障。
- 成熟的法律规则。
- 灵活的、具备双语能力的熟练劳动力。
- 可以进行国际仲裁。
- 商业法院解决商业纠纷。
- 优先进入东南非共同市场和南共体、美国市场（通过《非洲增长与机遇法案》）和欧盟市场。
- 设立外国律师事务所、合资企业，允许外国律师注册。
- 有效的银行系统和向外国投资者开放的证券交易所。
- 可靠的、现代化的基础设施和转运设施。
- 现代化的自由港和物流设施；在自由港经营的公司可在当地市场上出售50%的再出口价值。
- 有机会获得所有权和居住权（按照酒店投资计划、房地产开发计划和智慧城市计划相关规定实行）。
- 任何外国公民均可在高于两层的建筑物中购买一套不低于600万卢比的公寓和/或经济发展局许可的商业空间。
- 知识产权保护思想和概念不断更新。
- 直接向招聘和培训青年人才的雇主提供现金奖励。

3.3.3　税收优惠

- 100%外国所有权。
- 无外汇管制。
- 无最低外国资本限制。

- 15%的增值税。
- 公司和个人所得税按15%的单一税率计算。
- 无资本利得税。
- 无遗产税。
- 无不动产税。
- 无分红税。
- 利润、股息和资本自由调回本国。
- 免征设备关税。
- 签订46份《避免双重征税协定》,目的是减轻入息双重课税,并就某些类别的收入减税或免税。
- 购置厂房机械和设备的加速折旧。
- 加强对纺织部门投资的投资税收抵免。

3.3.4 外籍人士开办企业的准则

外籍人士在毛里求斯开办企业可发展以下业务:
①自营活动;
②与毛里求斯同行合作;
③开设100%外资公司;
④通过多种实体开展业务,如国营或私营公司、受保护的子公司、信托公司等。

公司组建后通过注册,并遵守毛里求斯的法律,就可以自由开展业务。然而,金融服务需要得到金融服务委员会或毛里求斯银行的批准。

3.3.5 对国外投资的保护

对投资者的保护仍然是毛里求斯吸引投资者的主要优势之一。投资者应该注意,世界银行《2017年营商环境报告》指出,毛里求斯在保护少数群体投资者方面在190个国家中排名第32位。

1. 各国保护投资者的措施比较

全球各国保护投资者的措施比较如表3-1所示。

表3-1 各国保护投资者的措施比较

	毛里求斯	美国	德国	马其顿
纠纷调解指数	7.7	8.3	5	8
披露程度指数	6	7	5	10
董事责任程度指数	8	9	5	9
股东诉讼便利度指数	9	9	5	5

续表

	毛里求斯	美国	德国	马其顿
股东治理指数	5.7	4.3	6.7	8
股东权利指数	7	4	7	8
所有权和管控指数	3	4	6	7
公司透明度指数	7	5	7	9

数据来源：《2018年营商环境报告》。

2. 条约和协定

毛里求斯通过签署若干条约和多边协定，保护外国投资者。毛里求斯是以下组织成员：

- 海牙国际法院；
- 多边投资担保机构（Multilateral Investment Guarantee Agency, MIGA）（为投资风险保险相关方面提供保障服务）；
- 东南非共同市场的非洲贸易保险机构；
- 国际投资争端解决中心；
- 纽约公约（1958）。

3.《投资促进和保护协定》

毛里求斯通过签署44份《投资促进和保护协定》，为外国投资者提供充分保护。与下列经济体签署的《投资促进和保护协定》已得到批准和生效：巴巴多斯、比利时/卢森堡、布隆迪、中国、捷克共和国、芬兰、法国、德国、印度、印度尼西亚、科威特、马达加斯加、莫桑比克、巴基斯坦、葡萄牙、刚果共和国、韩国、罗马尼亚、塞内加尔、新加坡、南非、瑞典、瑞士、坦桑尼亚、土耳其、英国、北爱尔兰和赞比亚。

与下列16个经济体签署的《投资促进和保护协定》正在等待批准：贝宁、喀麦隆、科摩罗、科特迪瓦、加蓬、加纳、几内亚共和国、肯尼亚、毛里塔尼亚、尼泊尔、卢旺达、圣多美和普林西比、阿拉伯联合酋长国、斯威士兰、乍得和津巴布韦。

这些国际双边协定保护毛里求斯人在海外的投资，其中的条款为投资者提供持续保护。此外，它们还向经济体投资者提供下列担保：

（1）投资资本和回报的自由调回。

（2）保证不被征用。

（3）最惠国规则涉及投资待遇、战争或武装冲突或暴乱的损失赔偿等。

（4）解决投资者与有关组织之间的纠纷。

（5）外国投资者若被指控违反条约，可以根据国际法起诉本国政府。

第4章
外国人财产所有权

毛里求斯向外国产权人开放了房地产市场,但通过《毛里求斯非公民财产限制法》施加了某些限制。目前,毛里求斯并没有任何法律强迫外国投资者在当地转让不动产的所有权或没收不动产。

4.1 概述

4.1.1 "非公民"身份含义

(1)非毛里求斯居民。
(2)属于以下情形的团体(包含法人团体或组成公司):
①公司所在地不在毛里求斯境内;
②在证券交易所正式名单上被引用,或能够进入根据《证券法》设立的任意第二市场,其管控权属于一名或多名非毛里求斯公民;
③其股东不是毛里求斯公民。
(3)信托关系的受益人不是毛里求斯公民。

4.1.2 "财产"含义

- 不动产:包括永久占有或租赁的不动产。
- 交给信托的不动产权利或收益。
- 任何股份。

4.1.3 无须任何批准证书条件

非公民在以下情形无须任何批准证书:
- 在与毛里求斯公民结婚时,依据法律持有不动产。
- 在没有任何不动产的公司与在毛里求斯证券交易所上市的公司,以及通过单位信托计划或集体投资渠道持有股份。
- 根据遗嘱的规定继承不动产,如果没有遗嘱,则根据无遗嘱规则继承不动产。

- 根据《渔业和海洋资源法（2017）》规定的特许权契约持有不动产。
- 持有为期不超过4年的居住租赁协议。
- 以商业目的出租不动产不超过20年。

4.1.4 总理办公室（Prime Minister's Office，PMO）授权非公民身份批准证书条件

- 收购公司持有的永久不动产或租赁不动产的股份。
- 未在经济发展局注册为投资者的人士获得不动产。
- 不动产租赁超过20年。
- 住宅不动产租赁期超过4年。

4.1.5 经济发展局对非公民的授权条件

（1）以不少于600万卢比的价格购置两层以上建筑物中的一套公寓作为住宅。

注意：非公民没有资格在毛里求斯申请居留许可。该公寓不应位于私人楼宇或属于"屋苑计划"（Housing Estate Scheme）范围内。

（2）根据酒店投资计划、毛里求斯移居计划、房地产开发计划和智慧城市计划，购置一套37.5万美元以上的住宅单元。

（3）以商业目的购置不动产。

当商业活动出于以下目的时，授权可获批：

①发展高端商业用途建筑物，包括但不限于商场、办公楼或仓库，供申请人使用、出售、出租或租赁；

②根据物业发展计划而发展的住宅物业；

③为报酬、收益或利润而进行的其他活动，但不包括为转售或出租裸地或有设施用地而获得收益的活动。

注意：符合资格的公司或持有政府一级牌照的申请人若想持有、购买或取得物业，必须向金融服务委员会申请。

4.1.6 非公民未经批准而持有任何不动产

任何非公民未经批准而持有不动产均属无效。一经发现，负责人将没收此类不动产并将其出售，扣除所有费用后的收益将汇给此非公民。

4.2 房地产开发计划

房地产开发计划（Property Development Scheme, PDS）已取代综合度假村计划（Integrated Resort Scheme, IRS）和房地产计划（Real Estate Scheme, RES）。

房地产开发计划提供以下条件发展房地产：

（1）在一块面积至少为0.4220公顷（1阿庞①）的土地上开发至少6个高级住宅物业。

（2）提供高品质的公共空间，用于促进社会互动，提供高级商业便利设施和日常管理服务，为提供社会便利设施和其他设施、社区的发展而作出社会贡献。

4.2.1 房地产开发计划证书申请过程

（1）任何拟从事受房地产开发计划规管的项目，须以经济发展局允许的形式及方式，向首席执行官申请房地产开发计划证书。

（2）经济发展局将申请书副本送交有关公共部门，告知申请结果，并安排处理申请。

（3）经济发展局可将申请转给可能成立的技术委员会。

（4）若申请人符合条件，经济发展局应当自收到申请之日起30日内，按照经济发展局确定的条件，为其签发房地产开发计划证书。

4.2.2 房地产开发计划公司职责

（1）须按照房地产开发计划证书对经济发展局负责，任何更改须获得其批准。

（2）提交1份建筑工程进度报告，若无，委员会则会变卖银行提供的担保。

（3）每套住宅物业提供20万卢比社会发展基金，并按季度报告计划的实施情况。

（4）委任一名遵守合约并保证品质的独立承包商，向所有住宅单位的买家提供完工证明。

（5）为每个住宅单位购买财产损失保险，保险期为10年，以支付因故障或缺陷对建筑物结构部分造成的任何损害的赔偿，以及保险期为2年的对非结构部分或服务的缺陷造成的损害的赔偿。

（6）要求建筑商为公司或任何后来的购买者投保1年的财产损失保险，用于支付由于缺陷而影响完工所造成的损害的赔偿。

（7）出售有设施用地。

"有设施用地"是指所有基础设施工程，包括与道路、墙壁、排水沟、景观和公用事业服务有关的已经完成工程的土地。

房地产开发计划开发商/公司可以将一块不超过2100平方米的有设施用地出售给持有就业许可、永久居留许可或居住证的非公民。

该非公民必须在5年内完成住宅楼的建设。

---

① 法国旧制面积单位，约等于1英亩。

注意：所有出售的有设施用地总面积不应超过计划用于建造住宅的土地面积的25%。

4.2.3 谁有资格购买房地产开发计划中的住宅物业？

①自然人，可以是毛里求斯公民、非公民或毛里求斯移居计划成员；
②根据《公司法》注册成立的公司；
③其成立证书存放在公司注册局的合资公司；
④根据《有限合伙制法》成立的合作伙伴；
⑤由合格的受托人提供托管服务的信托；
⑥《基金会法》规定的基金会；
⑦持有全球商业执照的合规全球企业。

（1）购买申请。

非公民可以购买至少37.5万美元的住宅物业。购买款必须用毛里求斯境外的资金支付和缴纳登记税，并通过毛里求斯银行认可的信誉良好银行转账到毛里求斯。然而，若房产价格超过37.5万美元，则可用毛里求斯银行提供的毛里求斯货币贷款支付，前提是首笔37.5万美元要支付给房地产开发计划公司，贷款可以用任何可兑换的外币来偿还。

注意：房地产开发计划公司在提出申请时，每套住宅物业须向经济发展局支付2万卢比的不可退还手续费。

（2）如何购买。

购买可以按计划进行，也可以在施工阶段进行，合同应受预售房（Vente en Etat de Futur d'Achevement, VEFA）条款的约束。

根据预售房条款的规定，开发商必须提供财务担保，这是向买方确保能够按期完工的财务保证。

（3）规定的预售房付款计划。

①签署购买协议后，支付房款的25%；
②地基建完后，支付房款的10%；
③房屋封顶后，支付房款的35%；
④项目施工完成后，支付房款的25%；
⑤交付钥匙后，支付房款的5%。

注意：各类银行和金融机构为房地产的潜在买家提供量身定做的贷款和/或抵押贷款。

4.2.4 谁有资格获得房地产开发计划的居住证？

①已购买不少于37.5万美元的住宅单位的非公民；

②该购买者配偶;

③该购买者被抚养子女;

④该购买者父母或其他被抚养人。

注意：当该非公民一直是其住宅单位的所有者,则发给该非公民及其家属的居住证一直有效。获得有设施用地的非公民没有资格申请居留许可,除非该地块上的住宅建筑已经完成。

4.2.5 住房租赁

住房购买者可通过房地产开发计划公司或其指定的物业公司出租该住房。

4.2.6 住房转售

住房购买者如为外籍人士,拟出售或转让该物业或该物业的任何股份、权利或权益,须在出售前30天内,以书面形式通知经济发展局的首席执行官。

注意：住房不得买卖或转让,符合法律规定以及已缴纳1万卢比的不可退还费用的住房除外。

4.2.7 交税

（1）土地转让税由房地产开发计划公司按财产价值的5%征收。

（2）买方按房价的5%征收注册税。

（3）如果出让人持有相当于所转让土地价值的房地产开发计划公司股份,其转让给房地产开发计划公司的房产不征税。

（4）如果出让人持有的房地产开发计划公司股份价值低于转让的不动产价值,按转让不动产的价值与出让人持有的股份的价值差额征收土地出让税和登记税,税率为5%。

（5）房地产开发计划的发展商如提供相等于土地转让余额的银行保证,按照预售房条款可以6个月为单位、分4次缴付等额的土地产权转让税。

（6）九洞高尔夫球场无须缴付土地流转税。

4.2.8 与长者居住有关的房地产开发计划项目

依据房地产开发计划,可开发退休人员专享的豪华社区。这些社区的使用者有年龄限制,为多房单元,专为退休人员提供老人护理服务、便利设施。

1.开发条件

开发商可为毛里求斯公民和非公民长者建造专门用途住宅或将计划里的现有住宅改造成长者专用的住宅,须满足下列条件：

（1）新建或改造的建筑必须包括至少25个住宅单元,专门供退休人员和老年人使用。

（2）开发项目必须提供个人护理和家庭护理服务，包含护士站、日常食物供给、24小时现场监控、紧急健康服务和休闲设施等。

（3）开发商必须为其项目获得《养老院法》规定的养老院执照。

（4）开发商必须是以推广实施专为长者开发的房地产项目为其唯一目的或目标的公司。

（5）开发商必须持有房地产开发计划证书。

然而，房地产开发计划的以下情况不需适用于长者项目：

（1）项目的最小面积要达到1阿庞或以上。

（2）开发商向房地产开发计划社会基金缴纳每套住宅20万卢比的资金。

（3）了解该项目对邻近社区的社会影响和需求评估。

激励措施如下：

（1）项目产生的利润享有5年的免税期。

（2）对进口机器、设备、建筑材料和包括半成品家具在内的其他资源免征关税，条件是已包含至少20%的本地增值。

（3）享有《土地分割法》条款的豁免权。

（4）养老院已是增值税减免对象。

（5）根据房地产开发计划，在国有土地上开发的与长者生活有关的项目中住宅单元的销售，将免缴国有土地租赁权转让税。

2. 退休人员

50岁或以上的退休人员，包括可以购买住宅单位的非公民退休人员，其享受的权利如下：

（1）可以根据个人计划，在建设过程中或建设完成后购买住宅单位。

（2）可以租赁或租用房地产开发计划的住宅单位。

（3）获得住宅单位的余生居住权利，免收租金。

激励措施如下：

根据房地产开发计划获得居留许可的外国退休人员，其本人及其配偶或同居伴侣汇入毛里求斯的养老金收入和其他收入可享受5年的所得税减免。

4.3 智慧城市计划

智慧城市计划（Smart City Scheme, SCS）将为投资者提供一个有利的框架和一揽子吸引投资者的财政和非财政激励措施，以促进整个岛内智慧城市的发展。

4.3.1 发展智慧城市计划的条件

发展智慧城市计划应该满足以下条件：

（1）开发占地面积超过21.105公顷（50阿庞）。

（2）坚持生活、工作和娱乐的理念，为大多数居住人口提供在同一地点生活和工作的机会。

（3）在开发中将商业、休闲和住宅融为一体，包括办公、轻工业、酒店、零售、公共娱乐和住房的组合，使包容性的开发实现物理和功能的整合，并创造以步行为导向的城市环境。

（4）至少有25%的住宅物业出售给毛里求斯公民或毛里求斯移居计划成员，并根据毛里求斯移居计划在经济发展局登记。

智慧城市计划是一个智慧城市项目，除了是一个技术极区、交通站或公共交通终端项目外，还应包括：

（1）强制建立的具有创新集群的商业设施。

（2）住宅（面积不超过总土地面积的50%）。

（3）面向中等收入者的经济适用房。

（4）文娱中心和休闲设施。

（5）高质量的公共空间，有助于促进社会互动和社区意识，包括但不限于花园、露天广场、自行车车道和步行街。

（6）日常管理服务。

（7）利用信息和通信技术对关键信息进行感知、分析和整合，以提供智能化的城市管理和服务。

（8）使用技术产品或执行相关措施，减少消耗和水电费用，大量节省运营成本。

（9）通过太阳能发电和风力发电等环保机制尽可能应用满足自身能源和用水需求的措施；并且在废物处理系统中具有自主性。

（10）社会规划和义务。

1. 智慧城市计划公司

智慧城市计划公司是持有智慧城市计划证书或意向书的开发商。

（1）智慧城市计划证书申请步骤。

①任何打算从事智慧城市计划的人，须以经济发展局批准的形式及方式，向经济发展局首席执行官申请智慧城市计划证书。

②经济发展局将申请的副本送交有关的公共部门，并告知申请结果，使申请得到处理。

③经济发展局可以将任何申请提交给上述部门的技术委员会。

④如果申请人符合要求，经济发展局须在收到申请之日起30天内，依据经济发展局确定的条款和条件，为其签发智慧城市计划证书。

(2)智慧城市计划公司职能。

①执行所有项目，并按照颁发的智慧城市计划证书对经济发展局负责。如有任何更改，须事先得到经济发展局的批准。

②把裸地开发成有设施用地。

③从事具体项目的执行和基础设施的管理，出租给智慧城市计划开发商。

④每季度就工程建设及住宅出售情况，向经济发展局提交一份进度报告。

⑤作为社会义务的一部分，每个住宅单位向智慧城市计划社会基金捐款2.5万卢比。

⑥指定独立的质量保证承包商。

⑦在智慧城市计划项目中设置特设机构以实现具体功能。

⑧私人住宅交付买方之日起2年内，对每一住宅房产，为其最终的或随后的买家提供财产损失保险单，做出以下强制性保证：

a. 对因房屋非结构性故障或缺陷导致不符合销售合同要求而造成的财产损失赔偿；

b. 对源自或影响建筑物结构的故障或缺陷造成的财产损失赔偿，理赔期为10年。

⑨将有设施用地出售给其他公司，这些公司将成为智慧城市计划开发商。

2. 智慧城市计划开发商

智慧城市计划开发商在证书获批后可从智慧城市计划公司获得部分土地，用于开发智慧城市的一个或多个项目。该开发商须在经济发展局注册，并申请注册证书。

其职能如下：

(1)建立、发展、管理和执行该计划下的具体项目，并根据获颁的智慧城市计划证书对经济发展局负责这些项目的正确实施。

(2)委任一名独立的质量保证承包商，以确保建筑工程符合售卖契据所定的标准。

(3)出示与智慧城市计划公司所提供的强制性保证一致的强制性保证。

(4)在智慧城市计划项目中可设置特设机构以实现特殊功能。

3. 智慧城市计划管理公司

智慧城市计划管理公司的职能包括：

(1)按照《毛里求斯民法》执行经理人的任务。

(2)提供安保、维修、园艺、固体废物处理及其他服务。

(3)维护和管理开放的公共空间。

(4)对日常生活、环境保护、公共安全和城市服务、工商活动等各类需求提供智能响应。

（5）实施和管理一个实时传感器网络系统，自动监测和检测公共基础设施的状态变化，以确保快速和恰当地提供服务。

（6）提供智慧能源管理技术，以帮助公用事业服务供应商和分销商预测和管理能源负荷。

（7）负责科技城项目的日常管理服务。

智慧城市计划管理公司可以在21.105公顷（50阿庞）以下的土地上开发"科技城"项目，拥有高科技的工业研究和开发设施。项目提供商业设施，包括高性能的能源效率措施，以及利用信息和通信技术来感知、分析和整合关键信息，提供智能化的城市管理和服务。

五个"科技城"项目分别设立在高地（Highlands）、罗斯贝勒（Rose Belle）、弗拉克（Flacq）、里维耶河（Riviere du Rempart）和班布思（Bambous）。

4.3.2　谁有资格购买智慧城市计划的住宅物业？

①毛里求斯公民（首次购置者在购买住宅单位时可免交20万卢比登记税）；

②移居计划成员（豁免支付登记税）；

③根据《公司法》注册成立的公司；

④非公民；

⑤合资公司、有限合伙人、信托、基金会。

（1）购买申请。

购买者通过智慧城市计划公司或智慧城市计划开发商向经济发展局申请，申请时每套住宅物业须支付1万卢比的不可退还处理费。

住宅单位的购买款必须用毛里求斯境外的资金支付，并通过毛里求斯银行认可的信誉良好的银行转账到毛里求斯。若房产价格超过37.5万美元，可以用毛里求斯银行提供的毛里求斯货币贷款支付，前提是首笔37.5万美元要支付给智慧城市计划公司或智慧城市计划开发商，贷款可以用任何可自由兑换的硬货币偿还。

（2）如何购买。

购买可以按计划进行，也可以在施工阶段进行，合同应受预售房条款的约束。

根据预售房条款的规定，开发商必须提供财务担保，这是向买方确保能够按期完工的财务保证。

（3）规定的预售房付款计划。

①签署购买协议后，支付房款的25%；

②地基建完后，支付房款的10%；

③房屋封顶后，支付房款的35%；

④项目施工完成后,支付房款的25%;

⑤交付钥匙后,支付房款的5%。

4.3.3 谁有资格获得智慧城市计划的居住证?

① 已购买价值不低于37.5万美元的住宅单位的非公民;

② 购买者配偶;

③ 购买者被抚养子女;

④ 购买者父母或其他被抚养人。

注意:只有非公民一直持有智慧城市计划的住宅物业时,其被授予的居住许可才有效。

4.3.4 租赁智慧城市计划住宅物业

住宅物业的购买者可通过智慧城市计划公司或由智慧城市计划公司指定的物业服务公司将该物业出租。

4.3.5 转售智慧城市计划住宅物业

如智慧城市计划下住宅物业的拥有人为非公民,并拟出售或转让该物业或该物业的任何股份、权利或权益,则须在出售前30天内,以书面形式通知经济发展局首席执行官。

任何销售或转让都必须符合法律和法规的规定。

每套住宅的物业须向经济发展局首席执行官缴付不予退还的1万卢比的手续费。

4.3.6 智慧城市计划的激励措施

智慧城市计划的激励措施如表4-1所示。

表4-1 智慧城市计划的激励措施

激励措施	适用条件
无须征收个人所得税	自发放智慧城市计划证书之日起8年内,收入来自于房产开发、销售、租赁或管理有关的活动,而不是与提供货物和服务有关的活动
不征收土地转让税及登记税	为开发智慧城市项目而将土地转让给智慧城市计划公司时,不征收土地转让税及登记税,条件是被转让者持有相当于所转让土地价值的智慧城市计划公司的股份。 将土地从智慧城市计划公司转让给特设机构的条件是智慧城市计划公司持有至少相当于所转让土地价值的特设机构股份

续表

激励措施	适用条件
无增值税	适用于建筑物及资本货物
无关税	适用于进口或购买用于基础建设工程及建筑工程的应税货物（家具除外）。 适用于为智慧城市计划项目进口的组装家具，条件是20%的本地增值税被纳入其中
不征收分田税	适用于土地的划分
无登记税	依据毛里求斯移居计划，购房者初次购买住宅地块

4.4 酒店投资计划

酒店投资计划（Invest Hotel Scheme, IHS）是指在允许房地产开发商在施工阶段和施工后向个人买家出售酒店客房、别墅、套房或酒店的任何部分的计划。酒店项目可以在拥有永久业权的或租赁权的土地上开发，但必须在至少1公顷的范围内进行。

该计划规定，酒店经营者可以采用公寓的融资模式，使本地和外国投资者能够资助新的酒店开发项目以及翻新现有的酒店。

4.4.1 获得酒店投资计划证书的程序

（1）申请者必须是根据《公司法》成立的公司。
（2）申请者须向首席执行官申请酒店投资计划证书。
（3）经济发展局将申请书副本送交有关公共部门，告知申请结果，并安排其处理申请。
（4）如果申请人符合要求，则经济发展局应在收到申请之日起30天内，按照经济发展局决定的条款和条件签发酒店投资计划证书。

4.4.2 谁有资格购买酒店投资计划中的房产？

①非公民；
②毛里求斯公民；
③根据《公司法》注册为外国公司的公司；
④其成立证书存放在公司注册局的合资公司；
⑤根据《有限合伙制法》成立的合作伙伴；
⑥根据《信托法》做出的信托，其托管服务由合格的受托人提供；

⑦毛里求斯移居计划的成员。

注意：合规的全球企业不能购置房产。

4.4.3 购置酒店投资计划房产的申请程序

（1）买方必须向经济发展局首席执行官提交申请，并缴纳不予退还的1万卢比费用。

（2）在购置时，买方保证获得所购房产的所有权。

（3）收购时，买方必须签订协议，将房产回租给酒店投资计划公司。业主在该住宅单位一年内使用和居住时长总共不能超过180天。

注意：对于高级签证的持有者来说，他们可以占用住宅单位的天数将不受限制。

（4）如果外籍人士在毛里求斯的银行办理了毛里求斯货币的贷款，首笔37.5万美元必须支付给酒店投资计划公司，并以任何可自由兑换的外币偿还贷款。

酒店投资计划房产在以下条件下可出售转让：①在预售房条款约束的施工阶段；②完工时。

注意：第一次购置酒店投资计划的不动产时，国有土地租赁权的转让免征税。

4.4.4 转售酒店投资计划房产

（1）业主允许出售其房产（没有限定最低价格）。

（2）业主须在出售前30天内，以书面形式通知经济发展局的首席执行官，并缴付不予退还的1万卢比费用。

（3）业主在转让国有土地租赁权时可免征税。

（4）销售和转让必须遵守相关法律和法规。

4.4.5 税项和税收

收购酒店投资计划项目土地的税项和税收如表4-2所示。

表4-2 收购酒店投资计划项目土地的税项和税收

税项	税率
财产的土地转让税（由土地卖方按价值支付）	按转让的不动产价值与转让人在酒店投资计划公司所持股份价值（如有）之间的差额征收，税率为5%（仅适用于2009年5月23日至2010年12月31日期间签署的转让书）
登记税（由计划参与酒店投资计划项目的公司按房产价值支付）	

收购酒店投资计划公司住宅的税项和税收。如表4-3所示。

表4-3 收购酒店投资计划公司住宅的税项和税收

税项	税率
土地转让税（由酒店投资计划公司按房产价值缴纳）	按转让的不动产价值与转让人在酒店投资计划公司所持股份价值（如有）之间的差额征收，税率为5%（仅适用于2009年5月23日至2010年12月31日期间签署的转让书）
登记税（由购买者支付）	房产价值的5%（独立别墅除外），独立别墅为7万美元

登记税按租赁期内或前10年（以较短者为准）向承租人征收的租金和任何其他费用（收费）价值的1.25%征收。

注意：从2023年6月30日起，在国有土地上建造酒店，其国有土地租赁权转让税率将从5%提高到10%。

4.5 继承权

外籍人士可以根据遗嘱的规定取得财产；如果没有遗嘱，则根据无遗嘱规则取得财产。如果立遗嘱人有意指定一个或多个受益人，则应立遗嘱。至于非公民，如果其在毛里求斯立了遗嘱，可免于烦琐多余的、与外国遗嘱相关的立法、注册和跨境执法条例。

4.5.1 毛里求斯遗嘱

毛里求斯人的遗嘱必须是书面的，可以作为私人契约起草，也可以作为公证文书起草。它表达立遗嘱人希望在其死亡后如何分配遗产。在立遗嘱人死亡后，遗嘱生效。立遗嘱人可随时修改或撤销遗嘱。

毛里求斯法律承认价值自由的概念，即立遗嘱人可以随意处置其财产，但须保证受保护继承人的权利。其必须尊重受保护的继承人、子女以及其父母的权利。如果在其死前作出了不平等的捐赠，损害了受保护继承人的权益，后者可以随时向最高法院提出异议，要求将已安排的资产重新归还到继承人遗产中依法分配。

1. 子女继承权

毛里求斯强制性保证法定继承权，并为死者的子女保留一部分遗产，无论子女是否为毛里求斯公民（条件是他们有权在毛里求斯继承），均拥有继承权。保留部分如下：

（1）如果死者留下一个孩子：一半的财产。
（2）如果死者留下两个孩子：三分之二的财产。
（3）如果死者留下三个及以上的孩子：四分之三的财产。

保留部分在死者子女之间平均分配。但如有一名子女先于其去世，则该名已去世子女的后人可共同享有该名已去世子女所保留部分的份额。

不论是毛里求斯人还是外国人，财产的无保留部分可以自愿交给其他任何人，包括根据强制继承条款规定的继承人，或任何实体、慈善机构、宗教团体。这种遗嘱下的受益人不受法律上丧失行为能力条款的约束。

2. 父母继承权

如果死者没有后代和未亡配偶，遗产将按以下比例移交给父亲、母亲、兄弟姐妹或其后代。

父亲获四分之一，母亲获四分之一，兄弟姐妹或后代获相同比例的一半。

注意：父亲和母亲的部分不能移交给他人，因为这是必须保留的部分。

3. 未亡配偶

不同于子女，未亡配偶并不是受保护的继承人，葡萄牙、西班牙、瑞士、比利时、丹麦、德国、希腊和意大利等国的情况也是如此。然而，在毛里求斯，未亡配偶有权享有夫妻的主要婚姻住所和住所内家具的终身使用权，这一权利不能在遗嘱中被剥夺。

财产的分配取决于配偶的婚姻制度，无论配偶是毛里求斯人还是外国人，需依据毛里求斯法律结婚。

如果根据共同婚姻财产制度结婚，只有婚后获得的资产属于共同所有，而婚前资产归配偶各自所有。

若配偶是根据婚姻财产分割制度或婚前协议结婚的，上述规定则不适用。

4.5.2　无遗嘱情况

在死者未留遗嘱而死亡的情况下遵照无遗嘱规则决定谁将继承遗产，这适用于要在毛里求斯继承遗产的公民和非公民。

在没有遗嘱的情况下，死者财产的继承遵循以下规定的等级顺序框架。

（1）子女及未亡配偶。

每个子女和未亡配偶在遗产中享有平等的份额。如果没有子女，尚存的配偶得到全部遗产，但如果没有子女和未亡配偶，则继承将移交给其他人。

（2）尊亲属直系及旁系亲属。

尊亲属直系即父亲和母亲，旁系亲属即兄弟姐妹及其后代。

（3）普通的亲属直系及旁系亲属（12级）。

普通的亲属直系即祖父母，旁系亲属即叔叔、姑姑和堂兄弟姐妹。

（4）国家。

如果没有受保护的继承人和遗嘱，则死者的遗产归国家所有。

注意：12级以上的亲属和继承人无权继承。

4.5.3 《继承法》

1.《毛里求斯继承法》的立法依据

- 《毛里求斯民法》
- 《民事诉讼法》
- 《非公民财产限制法》
- 《国际私法》(《冲突法》)（源自法国《判例法》）
- 《继承和遗嘱法》

2. 程序

继承的程序问题由毛里求斯最高法院院长兼司法常务官处理。继承案件由最高法院根据案情审理。

3. 当外国人在毛里求斯去世且留下财产时，将适用什么法律？

一般来说，适用源自法国《判例法》的《冲突法》，分别是：

（1）不动产适用财产所在地的现行法律；

（2）动产适用死者最后的住所（永久居住国）的法律或死者指定的国内法。

注意：对于跨地域继承，必须对每一案件进行单独评估，以确定适用的法律。

4. 对继承的限制

毛里求斯公民有权继承死者在原籍国的财产，非公民也可以继承死者在毛里求斯的财产。《毛里求斯民法》规定，非公民在毛里求斯应享有与毛里求斯公民同等的权利。

5. 在毛里求斯继承财产的非公民继承人可以出售财产吗？

可以。非公民可以向毛里求斯公民出售财产，但如果其将财产出售给非公民，则需要获得授权。该财产一旦被出售，非公民继承人可以在毛里求斯境外完成其余程序。毛里求斯不征收遗产税。

6. 遗产能否全部或部分有效地归属于未成年人？

可以。遗产可以由父母或其他有法律能力的人通过法院指定的监护人来管理。

第5章
金融服务业

金融服务业是毛里求斯经济的一个重要组成部分,包括银行、保险、资本市场、基金管理和律师事务所等主要的本地和国际参与者。它为本地和国际客户及投资者提供了大量的产品和服务。

毛里求斯被经合组织、国际保险监管协会、国际证监会组织、反洗钱金融行动特别工作组和伊斯兰金融服务委员会等国际机构列为监管良好的经济体。毛里求斯也是南共体、东南非共同市场和环印度洋区域合作联盟等主要区域组织成员国中唯一的国际金融服务中心。

毛里求斯的金融服务业由毛里求斯银行和金融服务委员会两个机构监管,这两个机构的服务都采用了国际最先进做法。

5.1 毛里求斯银行

毛里求斯银行是毛里求斯共和国的中央银行,也是银行业的最高机构,负责监督和管理银行以及获准接受存款的非银行金融机构。毛里求斯银行认可《有效银行监管核心原则》,并致力于促进和维护货币和金融稳定。毛里求斯银行还发布指导方针,并采取行动打击从事影子银行等非法业务的机构。

自2005年以来,该银行采用单一银行执照制度,根据该制度银行可以在一个银行执照下开展国内和跨境银行业务。

自2020年8月起,中央银行可以向专门开展数字银行业务的银行颁发银行执照。

2021年,毛里求斯银行成为全球金融创新网络的成员。

毛里求斯银行和中国银行将共同推出区域性人民币清算中心。

目前,非洲有2个人民币清算中心,分别位于南非和赞比亚。毛里求斯银行将与印度国家支付公司合作,在毛里求斯发行"Rupay"信用卡和印度支付二维码。

5.1.1 银行业

毛里求斯拥有一个发达、规范和高效的银行体系,包括19家持有执照的银行,其中8家是本地银行，8家是外资银行的子公司，3家是外国银行的分支机构。其中一家银行从事伊斯兰银行业务。

截至2020年9月，毛里求斯银行的总资产达到了490亿美元。2021年，银行业约占GDP的8%。

目前，银行与金融科技公司合作，正在逐渐改变传统银行的常规运营方式，致力于推出新的数字产品供客户使用，一些银行推出了"Juice"等应用程序和各种在线银行业务设施。

5.1.2 毛里求斯投资有限公司（Mauritius Investment Corporation, MIC）

毛里求斯投资有限公司是一家完全由毛里求斯银行所有的私人有限公司，其职能是减轻当前经济衰退对银行部门的影响，从而控制宏观经济和金融风险。

截至2022年5月，毛里求斯投资有限公司共向38个实体支付了450亿卢比。

5.1.3 毛里求斯银行家协会（Mauritius Bankers Association, MBA）有限公司

毛里求斯银行家协会有限公司是银行业的行业协会。该协会成立于1967年，旨在培育一个创新、有竞争力和值得信赖的银行环境。作为银行业的代言人，该协会代表成员与利益相关者密切合作，以促进毛里求斯银行业的发展，并为社会谋福利。

5.2 金融服务委员会

毛里求斯金融服务委员会（Financial Services Commission, FSC）是毛里求斯非银行金融服务行业和全球商业活动的综合监管机构，成立于2001年，经《金融服务法（2007）》《证券法（2005）》《保险法案（2005）》《专属保险法案（2015）》《私人养老金计划法案（2012）》以及《虚拟资产和初始代币发行服务法案（2021）》等授权立法，对保险业、资本市场、投资基金和中介机构、养老金、全球商业和金融科技领域的商业活动进行许可、监管、监测和监督。

金融服务委员会履行其监管职能的重点是审慎监管、市场行为、反洗钱、打击恐怖融资以及遵守公司治理原则和国际规范。金融服务委员会的监管框架基于审慎监管和商业行为，包括依靠偿付能力监管、审慎的资产多样化、国际会计准则和精算方法。

金融服务委员会已经调整其法律和法规以应对金融行业的变化，其中包括印度和毛里求斯之间的避免双重征税协定。它还实施了国际上已使用的措施，如《海外

账户税收合规法案》《共同申报准则》和《经济合作与发展组织税基侵蚀与利润转移的框架》。金融服务委员会推出了金融服务委员会一站式数字平台，旨在确保申请过程的顺畅和及时处理。这个数字平台全程无纸化操作，符合金融服务委员会的绿色倡议。在初始阶段，该平台将有助于跟踪授权过程，并为向金融服务委员会递交申请的利益相关者和执照持有人提供更多的可见性。它还将通过提供"委员会已知"的信息来协助监管任务。

金融服务委员下属部门

• 养老金

职业/非职业本地人（许可）/外国人（许可）

• 投资基金和中介机构

集体投资计划（Collective Investment Scheme, CIS）、封闭式基金、房地产投资信托基金

可变资本公司

集体投资计划经理

集体投资计划行政人员

保管者

• 全球商业部门

管理公司、全球商业执照、授权公司

• 资本市场

两大证券交易所：毛里求斯证券交易所、Afrinex有限公司中介机构（投资交易商、投资顾问及其代表）

报告发行人

中央证券存管和结算有限公司

Afrinex票据交换所有限公司

• 保险

长期保险、一般保险业务、专属保险、外部保险人、保理业务、专业再保险人、保险销售员、保险代理人（公司）、保险经纪人、保险代理人（个人）、保险经理

• 其他非银行金融机构

资产管理、精算服务、支付中介服务、信用评级机构、养老基金管理局、代表处、养老金计划管理、注册商和转让代理人、财资管理、保管者（非集体投资计划）、信贷金融、租赁、金融产品的分销

其他金融商业活动

殡葬计划管理

5.3　全球商业部门

全球商业部门自1988年成立以来，已成为金融服务业的主要支柱之一，其对GDP的贡献在2020年达到了6%。截至2021年12月，在毛里求斯运营的活跃的全球商业公司总数为12 463家。2020年全球商业公司的总资产预估约为6430亿美元。[①]

毛里求斯是一个战略性的全球商业中心，通过创新的方式构建有限合伙企业和基金会，巩固了其作为亚洲和非洲投资的中心枢纽地位，这些方法对固定资产规划和私人财富管理非常重要。

毛里求斯还建立了一个重要的基金管理和区域控股公司中心，以确保对房地产、证券投资组合和艺术品的资产保护。

从2019年开始，根据《金融法（2018）》的规定，金融服务委员可以批准一种商业执照公司，即全球商业执照和授权公司。

1. 全球商业执照

2019年前两个月共发放了162张全球商业执照。

如果外国控股公司希望主要在毛里求斯境外或与金融服务委员会指定的人员开展业务，必须申请全球商业执照。

申请全球商业执照必须符合以下附加要求：

（1）公司必须在毛里求斯境内开展核心创收活动，直接或间接雇用具有资质的人员，必须有与其活动水平成比例的最低支出水平。

（2）公司必须受毛里求斯管控。

（3）公司必须由专门的管理公司进行管理。截至2017年12月，共有148家管理公司，其中仅28家适合作为公司受托人。管理公司是服务提供者，在客户与金融服务委员会之间充当媒介。它们获金融服务委员会授权成立，管理及提供指定人员和其他服务，担任公司受托人或合格受托人。

注意：全球商业执照申请人须通过管理公司向金融服务委员会递交申请。

在管理和控制全球商业执照时，金融服务委员会将考虑公司是否符合主要条件和附加要求。申请全球商业执照的公司必须符合以下主要条件：

（1）至少有2名常驻毛里求斯的董事，并具有独立思考和判断的能力。

（2）始终保持其主要银行账户在毛里求斯境内。

（3）在毛里求斯注册的办事处随时存留其财务记录。

（4）编制其法定财务报表，并在毛里求斯进行审计。

---

① 数据来源：《海外商务风险：毛里求斯》（2022年出版）。

（5）规定董事会议至少包括2名毛里求斯籍董事。

（6）如果被授权为集体投资计划、封闭式基金或外部养老金计划的公司，必须由毛里求斯管理，同时须满足以下标准之一：

①在毛里求斯有办公场所；

②全职聘用至少1名常驻毛里求斯的行政/技术人员；

③在其公司章程中有一项条款规定所有因章程产生的争端应在毛里求斯通过仲裁解决；

④在未来12个月内持有或预计将持有毛里求斯境内至少价值10万美元的资产（不包括银行持有的现金或其他全球商业执照公司的股份/权益）；

⑤公司股份在金融服务委员会许可的证券交易所上市；

⑥可以支付公司每年在毛里求斯的年度支出，金额与毛里求斯控制和管理的同类公司支出相当。

在确定公司是否符合上述要求时，金融服务委员会将根据全球商业公司的以下具体情况逐一进行评估。

（1）金融活动。

- 基金（股票、对冲)
- 投资经销商、投资顾问
- 基金经理
- 支付服务提供商
- 保险经纪人

（2）纳税义务。

现在实行的是部分免税制度，以取代之前的外国税收抵免制度。

全球商业执照公司可能有资格获得部分免税制度，根据该制度，以下收入的80%将获得免税，但均须符合规定的附加要求。

①外国来源股息，该股息在来源国不被允许作为税收扣除；

②利息收入和版税；

③可归因于常驻公司在外国常设机构的利润；

④来自通过对等贷款平台贷款的资金利息；

⑤金融服务委员会许可或批准的集体投资计划、封闭式基金、集体投资计划经理、集体投资计划管理人、投资顾问或资产经理取得的所有收益；

⑥从事船舶和飞机租赁的公司所得收入；

⑦从再保险和再保险经纪业务所得收入；

⑧从租赁和提供国际纤维所得收入；

⑨从飞机及其零部件的销售、融资安排、资产管理以及与之相关的航空咨询服

务所得收入。

注意：第④项的部分制度自2019年7月1日起生效，而第⑦、⑧、⑨项自2020年7月1日起生效。

必须满足附加要求，才能获得部分豁免。

（3）账户及退税。

- 需要归档的年度审计账目
- 季度和年度纳税申报要求

（4）费用。

- 手续费：500美元
- 执照费：1950美元

2. 授权公司

（1）定义。

授权公司指：

①由多数非毛里求斯公民的实益股份持有人控制；

②其活动主要在毛里求斯境外进行；

③其有效管理地点在毛里求斯以外。

拥有授权公司执照的公司持有人被视为非毛里求斯居民，因此不符合《避免双重征税协定》的豁免条件。

授权公司须符合以下条件。

①主要在毛里求斯境外经营业务，或是与金融服务委员会所指定的个人开展业务；

②根据《公司法》成立的公司大部分股份、表决权、法定或实际收益由非公民持有和控制；

③有效管理地点在毛里求斯境外。

在任何时候，必须由一家毛里求斯的管理公司作为授权公司的注册代理公司。

授权公司是灵活的企业实体，通常用于持有和管理私人资产，从事国际投资控股、国际贸易、房地产控股、IT服务物流，提供营销和咨询服务，是一次性项目的理想选择。

（2）职责。

①在年终的6个月内向毛里求斯税务局提交收入申报表；

②向金融服务委员会提交财务摘要；

③提交相关法案所要求的任何文件；

④保管记录（董事会会议记录、决议记录以及金融服务委员会要求的文件）；

⑤采取措施打击洗钱和资助恐怖主义的行为。

（3）约束与限制。

授权公司不允许进行下列活动。

①提供金融服务，包括银行业；

②作为专业管理人持有、管理或处理集体投资计划或基金；

③向公司提供注册办公设施、提名董事及秘书服务，或提供托管服务；

④开展可能被金融服务委员会认定为有损毛里求斯作为金融服务中心的良好声誉或违背公共利益的活动。

（4）注册登记。

授权公司每次注册登记需要3~5天，注册申请费用如下：

- 手续费：150美元
- 年费：350美元

5.4 毛里求斯证券交易所

毛里求斯证券交易所由金融服务委员会监督和管理。

毛里求斯证券交易所的市场总成交量从2016年的147亿卢比增加到2017年的152亿卢比，总共增长了3.41%。[①]

毛里求斯证券交易所是非洲主要交易所之一，也是世界交易所联合会（World Federation of Exchanges, WFE）的成员之一，被开曼群岛金融管理局（The Cayman Islands Monetary Authority, CIMA）以及英国税务海关总署（HMRC）指定为"被认可的证券交易所"。

毛里求斯证券交易所被非洲投资者授予"最具创新性交易所"称号。它符合世界交易所联合会制定的严格标准和市场原则，获得了国际认可，能够以美元、欧元、南非兰特和卢比上市、交易和结算股票及债务产品。它被纳入市场指数，用于跟踪前沿市场，其数据由路透社（Reuters）、布隆伯格（Bloombergs）等国际数据提供商实时传播。

毛里求斯证券交易所在2016年9月推出全股指数，该指数纳入了所有上市的全球商业公司和证券交易所成交量加权平均价格。在交易中，毛里求斯国家银行可以代表非洲进出口银行。

毛里求斯证券交易所经营两个市场：官方市场、发展与企业市场（Development & Enterprise Market, DEM，包含交易所经营的9家投资交易商）。目前，有51家公司在官方市场上市，市值近103亿美元，而截至2018年3月，43家上市公司的市值接近

---

① 来源：2017年度报告。

19亿美元。

毛里求斯证券交易所已与印度国家证券交易所、约翰内斯堡证券交易所、新加坡证券交易所和迪拜多商品中心之间建立了联系。该计划旨在建立一个国际资本市场，吸引来自世界各地的政府和企业在毛里求斯发行多货币债券。

根据国际证监会组织建议的标准，《证券法》为证券市场、市场参与者、自我管理组织以及证券的发行和交易建立了一个框架。

注意：由上市公司委任的会计师事务所连续7年以上不得审计该公司的账目。

5.4.1 为什么股市有吸引力？

- 法律规范投资：法律要求保险公司公开信息，有助于投资者做出明智的决定。
- 股息和资本收益免税。
- 没有外汇管制。
- 出售股份时收入可自由返还。
- 可以在毛里求斯开设外币账户。

注意：在证券交易所交易的外国投资者必须在中央存托结算有限公司开立账户。

- 加快国际发行人的上市路线，增强双重上市公司上市后债券的灵活性。
- 为投资公司提供有效的融资框架，以促进融资活动。
- 降低交易所交易基金的交易费用。

5.4.2 为什么要把毛里求斯证券交易所当作本地或国际发行者的融资和上市平台？

- 毛里求斯证券交易所有一个现代化和灵活的上市框架，它能够满足广大发行者的要求。
- 毛里求斯证券交易所是一个引人注目的国际筹资平台，自2009年以来募集的资金已经超过53亿美元。
- 该公司拥有一个多货币上市和交易平台，提高了发行人以美元、英镑、欧元和南非兰特4种国际货币筹集资金的能力。
- 毛里求斯证券交易所为上市公司提供了一个强大的价值创造平台，上市后前五大上市公司的总创造价值超过9000%。
- 自成立以来，以本国货币计算的全股票价格指数已实现了11.5%的复合年回报率，而总回报指数则实现了16.7%的复合年回报率。
- 毛里求斯证券交易所的上市发行者被纳入标准普尔（Standard & Poor)、摩根士丹利（Morgan Stanley)、道琼斯（Dow Jones）和富时（FTSE）等领先的全球指数提供商的前沿市场指数。

- 毛里求斯证券交易所的市场数据是由美国、欧盟、中东和非洲的几家关键的全球数据供应商在全世界传递的。毛里求斯市场的主要参与者是国际投资者，占每日交易量的45%。

第6章
欢迎光临毛里求斯

毛里求斯已成为非洲理想的商业和商务中心，这归功于其创造性的移民政策，以吸引来自世界各地的商人和专业人士。在新冠疫情危机后期，获得毛里求斯居留权的标准已被放宽。

6.1 签证

根据《2017年亨利护照指数》，毛里求斯面向134个国家开放免签证通行，在此项指标上排名第32位。访问者无须签证便可进入毛里求斯。但在某些情况下，访问者必须首先获得签证才能进入，且需依其国籍来确定，该情况下，访问者必须向毛里求斯大使馆或任何位于该国的毛里求斯航空公司办公室的领事提交签证申请；访问者亦可在毛里求斯护照和移民办公室提交申请。任何访问者须持有有效期至少为6个月的护照。

6.1.1 学生签证

学生签证允许非公民进入毛里求斯，以全职或非全职的形式在已注册的高等教育或职业技术机构学习。要获得学生签证，学生必须在相关机构获得名额并且提交可供学习期间生活的资金证明。如果外国学生在毛里求斯高等教育机构已注册了至少1个学年，且持有由护照和移民办公室提供的有效学生签证，则可以获得允许在毛里求斯每周工作最多20小时的授权卡。

在随后每一学年开始时，教育机构需向护照和移民办公室提交文件证明，确认该学生修读的课程为同一课程。

以下情形可以申请学生签证[①]：

①在经认证的高等教育机构或者技术和职业教育与培训机构登记了一门或多门课程，全职修读了特定课程单元1~2个学期的非毛里求斯公民，或者是修读了可获得证书的课程并持续了至少1个学年的非毛里求斯公民。

---

① 参见：http://pmo.gov.mu 或 http://passport.gov.mu。

②在经认证的高等教育机构以全日制和/或业余制课程形式修读了本科阶段学历课程的非毛里求斯公民。

③在经认证的高等教育机构以全日制和/或业余制课程形式修读了研究生阶段（包括硕士、哲学硕士或者博士阶段）学历课程的非毛里求斯公民。

④从事博士后研究的非毛里求斯公民。

⑤由经认证的高等教育机构委派来毛里求斯进行为期不超过1年的交换项目的非毛里求斯公民。

6.1.2 特享签证

1. 有效期

特享签证有效期为一年，并可续签。外籍人士若在一个日历年度里在毛里求斯停留时长超过180天，则必须持有特享签证。

2. 申请程序

申请人必须在线提交申请。特享签证免费发放，无须缴纳处理费用。

3. 符合申请资格标准

申请人必须提供长期停留计划的证明并具备初始停留期间充足的旅行和医疗保险。

必须符合以下条件：

- 申请人不得进入毛里求斯劳动力市场；
- 主要业务场所和/或收入、利润来源应位于毛里求斯以外；
- 必须提供如访问目的、住宿等文件证据以支持申请；
- 其他基本移民要求。

4. 居留许可

可选择投资者就业许可/退休非公民居留许可。

5. 住宅产权

持有人可以在综合度假村计划、房地产开发计划或智慧城市计划下获得住宅产权。他也可以在两层以上的大楼内购买公寓作为个人居所。

6. 税收

如果持有人在一年内停留183天或以上，则将按以下方式征收所得税。

（1）以毛里求斯为来源的收入（在毛里求斯工作的报酬）将按汇款基础纳税。

（2）通过使用外国信用卡或借记卡在毛里求斯消费的资金不会被视为已汇入毛里求斯。

（3）在毛里求斯银行账户中存款的收入应纳税，除非持有人声明已在原籍国家缴纳。

6.1.3 长期签证

购买公寓后获得的长期签证允许非公民及其被抚养人连续停留10年,并可根据所有权状况进行续签。授予非公民的长期签证将保持有效,直至非公民不再持有该公寓时为止。

6.2 就业许可

6.2.1 投资者和自主经营者就业许可

1. 投资者就业许可

投资者指在经济发展局注册的非公民或一个协会/团体,无论是法人还是非法人实体,其控制或管理权应由非公民持有,且已在经济发展局注册。

为了达到投资者就业许可的申请资格,外国人的企业必须达到以下门槛之一。

(1)投资者的初始投资为5万美元或等值可自由兑换外币。

(2)现有企业和继承企业的净资产至少为5万美元或等值可自由兑换外币,并且在申请前3年内累计营业额至少达到1200万卢比。

(3)初始投资为5万美元或等值可自由兑换外币,同时,最低转账金额至少达到2.5万美元;剩余投资金额需投入至等值的高科技机器和设备,且须符合首席执行官确定的标准。

注意:续签要求自注册第三年起每年至少有400万卢比的最低总收入。

(4)创新型初创企业投资者已向经济发展局提交创新项目或已向毛里求斯研究和创新委员会注册其认证的孵化项目。

2. 自主经营者就业许可

自主经营的非公民必须从事专业活动,并在经济发展局注册为自主经营者。自主经营者在就业许可证颁发时,初始投资为3.5万美元或等值的自由兑换外币。

注意:续签时,从注册的第三年起,每年最低营业收入为80万卢比。

3. 就业许可费用

(1)投资者:1000美元。

(2)自主经营的非公民:1000美元。

(3)投资者或自主经营者的配偶、被抚养子女、父母或其他被抚养人:400美元/人。

4. 书面承诺

如果获得许可证,非公民必须提交一份书面承诺给移民局局长或者部长指定的其他公共机构，以确保可承担赔偿政府因其赡养、援助或解雇而可能产生的任何费用或支出。

5.谁有资格获得居住证？

就业许可证持有人的配偶、被抚养子女、父母或其他被抚养人（年轻专业人士除外）。

6.2.2　专业人士职业资格证

专业人士是指根据就业合同在毛里求斯受雇于以下行业，且在经济发展局完成专业人士注册的非公民。

（1）在信息和通信技术领域、业务流程外包、药物制造和食品加工等行业中，每月基本工资至少3万卢比。

（2）基金会计及合规服务，每月基本工资至少3万卢比，至少3年相关工作经验，且雇主拥有金融服务委员会的许可证。

（3）任何其他行业，每月基本工资至少6万卢比。

（4）毛里求斯计划服务下的公共部门，雇佣期不超过3年。

1.就业变更

持有职业资格证的专业人士，如果更换工作，无须提交新的申请，只需通知经济发展局和移民官员，并且新的职业满足相关标准即可。

注意：任何未遵守本条款的注册人员将构成违法行为。

2.专业人士的投资权利

持有职业资格证的专业人士可投资任何业务，但前提是他没有在该业务中受雇，并且不从该业务中获得任何薪资或雇佣福利。

已就业专业人士可以持有所在企业的股份，但前提是他不是大股东。

3. 雇主需支付的费用

（1）就业合同雇佣期2年以下：400美元；2～3年：500美元；3～5年：800美元；5～10年：1000美元。

（2）专业人士的配偶、被抚养子女、父母或其他被抚养人：400美元/人。

4.书面承诺

如果批准申请，非公民必须提交一份书面承诺给移民局局长或部长指定的其他公共机构，以确保承担赔偿政府因其赡养、援助或解雇而可能产生的任何费用或支出。

5.谁有资格获得居住证？

职业资格证持有人的配偶、被抚养子女、父母或被抚养人（年轻专业人士除外）。

6.2.3 年轻专业人士职业资格证

职业资格证许可年轻专业人士在毛里求斯就业。

年轻专业人士指需拥有以下资格的非公民。

（1）至少一个以下领域相关学位：建筑与设计、人工智能、生物技术、通信和传媒、创意产业、工程、金融科技、金融服务、信息技术、物流与供应链、机器人技术、旅游与酒店管理。该学位须由毛里求斯高等教育委员会承认的本地高等教育机构授予。

（2）一份以下任一领域的相关专业证书：建筑与设计、人工智能、生物技术、通信和传媒、创意产业、工程、金融科技、金融服务、信息技术、物流与供应链、机器人技术、旅游与酒店管理。该证书须由在毛里求斯注册过的机构颁发，并获国际认可，且至少等同于本科学历。

6.2.4 短期职业许可证

非公民可以通过经济发展局向移民局局长申请短期职业许可证，授予在毛里求斯为期不超过9个月的工作权限。

短期就业许可证上规定的有效期可供申请延期，该有效期只能延长一次，且延长期限不超过3个月。最迟需在许可证到期前的15天内提交申请。

若移民局局长认定非公民符合标准，可根据他所施加的条件，决定是否向非公民颁发短期职业许可证。

1. 费用

（1）首次不超过9个月的期限：300美元。

（2）后续延期，不超过3个月的期限：150美元。

2. 书面承诺

如果获得许可证，非公民必须提交一份书面承诺给移民局局长或者部长指定的其他公共机构，以确保承担赔偿政府因其赡养、援助或解雇而可能产生的任何费用或支出。

6.2.5 家庭职业许可证

该许可证可授权申请人及其配偶、子女、父母以及其他被抚养人，或专门为其家庭工作的人员享受为期10年的居住权。

申请人或其配偶可在毛里求斯从事任何以报酬或利润为目的的职业，任何其他可能由移民官认定的为该家庭工作的个人，可基于满足家庭需要的目的与申请人一起就业。

申请的家庭必须向新冠肺炎项目发展基金捐赠25万美元或等值可自由兑换外币。

1. 费用

（1）主申请人：1000美元。

（2）主申请人的配偶、被抚养子女、父母或其他被抚养人：400美元/人。

（3）为家庭成员工作的个人：400美元/人。

2. 谁有资格获得居住证？

（1）作为个人的配偶、受供养子女、父母或其他受抚养人的非公民（年轻专业人士除外）。

（2）为持有就业许可证人士的家庭工作的非公民。

6.3 居住证

居住证是由总理办公室签发的书面许可证。该许可证可以授权外籍人士（被禁止的外籍人士除外）进入毛里求斯并且/或者在毛里求斯停留一定时间。居住证详细规定了其签发时受约束的一些具体条件。

根据《移民法（2022）》，非毛里求斯公民可以通过以下多种方式获得居住证。

- 购置不动产
- 与毛里求斯人结婚
- 申请工作居住证
- 申请退休非公民居住证

6.3.1 还有谁可以获得居住证？

- 在1966年12月10日之前，在毛里求斯正常居住连续7年或以上，且自该期限结束后离开毛里求斯的时间未达到3年的外国人，以及受其抚养的子女；
- 在1968年12月14日之前，在毛里求斯正常居住连续7年或以上，且自该期限结束后在其他国家连续居住时间未达到7年的英联邦公民，以及受其抚养的子女；
- 符合永久居住计划且由经济发展局法案所认定的投资者；
- 受联合国或其所属机构，或毛里求斯参加的任何政府间组织认可的或派驻毛里求斯以外国家来毛里求斯执行公务的外交官员、领事官员、代表或官员，及其家属；
- 为了毛里求斯的国防和安全利益而来到毛里求斯的任何海军、陆军或空军成员；
- 根据毛里求斯与其他国家之间的条约或协议来到毛里求斯的人及其家属；
- 被任命为毛里求斯公共服务人员的人及其家属；

- 以就读为目的来到毛里求斯，且在进入毛里求斯后，实际就读于任一所学院、大学或其他教育或培训机构的学生；
- 部长认为合适或属于部长认为其为合适阶层的个人。

6.3.2 由居住证持有人交付的押金

任何获得签发居住证的个人都应向移民官员或者是对应的其他公务官员交付押金，用于赔偿毛里求斯政府因赡养、供养或者遣返而产生的费用或开支。经由总理授权的押金不超过2万卢比，或者为其他规定的数额。

押金或者未使用的余额须在居住证持有人离开毛里求斯时返还给持有人；若持有人在毛里求斯死亡，押金将被返还给存交押金时指定的个人或者是持有人的法定代表人。

总理可以免除持有人提交的押金，或者可以授权允许持有人缴纳低于指定额度的押金，亦可以允许持有人在无论是有或者没有与押金同等价值的担保物的情况下，通过担保的形式来替代需交付的押金。

6.3.3 撤销居住证

持有人若符合以下条件之一，其居住证将被撤销：
（1）不再符合注册的标准和条件。
（2）有违反任何毛里求斯法律的行为。
（3）申请时提交了虚假和误导信息。

6.4 永久居住证

6.4.1 永久居住证适用标准

在满足以下条件的情况下持有居留权至少3年者可获得永久居住证。

（1）在以下领域如农基工业、影视传播产业、教育行业、环保节能产业金融服务、渔业及海洋资源自由港、医疗信息技术基础设施、首次公开发行股票、制造业、码头开发、旅游及疗养和仓储业的最低投资额达到37.5万美元。

（2）以投资人身份持有就业许可证至少3年，且在申请前3年每年净收入或总和至少达到1500万卢比。

（3）以专业人士身份持有就业许可证至少3年；持有有效工作许可证，该工作许可证是依据《非公民就业限制法（1972）》而发放，且在申请前的连续3年里每月基本工资需至少达到15万毛里求斯卢比。

（4）以退休非公民身份持有居住证至少3年，且需在该3年期限内，通过分期付款或其他方式转账总额至少达到5.4万美元。

（5）以自主经营者身份持有就业许可证至少3年，且在申请前连续3年里每年营业收入至少达到300万卢比。

6.4.2　被抚养人永久居住证适用标准

下列被抚养人有资格获得永久居住证：

（1）投资者、自主经营者、专业人士和退休非公民的配偶；父母、被抚养子女[①]或申请人或其配偶的其他被抚养人；上述人群类别中完全由未婚非公民抚养的直系亲属[②]，且数量不超过3人。

（2）毛里求斯侨民计划成员的配偶；毛里求斯侨民计划成员或其配偶的被抚养子女；完全由毛里求斯侨民计划未婚成员抚养的直系亲属，且数量不超过3人。

6.4.3　永久居留许可证的期限

（1）投资者、自主经营者和专业人士的永久居住证有效期为20年，自其居住证或工作许可证到期之日起计算，或自永久居住证发放之日起计算，前提是已满足居留要求。

（2）根据毛里求斯侨民计划，永久居留许可证的有效期为10年，自许可证发放之日起计算，前提是已满足居留要求。

（3）2020年9月1日发放并生效的永久居留许可证，其有效期为20年，自永久居住证发放之日起计算。

6.4.4　书面承诺

任何获得永久居留许可证的人，在支付相关费用时，应向移民总局局长、移民官或经部长授权的其他公务员提交书面承诺，以确保可赔偿政府因其赡养、援助或解雇而可能产生的任何费用或支出。

6.4.5　费用

永久居住证的申请费用为50美元。

颁发永久居住证时应缴的费用如下：

（1）投资者、自雇非公民或退休非公民：3000美元。

（2）专业人士：3000美元。

[①]　"被抚养子女"指个人子女、继子、继女或合法收养的小孩，并且该小孩完全受该个人的抚养；未婚；没有从事任何盈利活动。

[②]　"直系亲属"指父母、祖父母、兄弟姐妹。

（3）永久居住证持有人的配偶、被抚养子女、父母或其他被抚养人：2000美元/人。

（4）完全由未婚个人抚养的直系亲属：2000美元。

6.4.6 永久居住证的续签

持有永久居留证的人可以续签其证件，并且可以在投资者、专业人士和退休人员之间灵活切换类别。

6.4.7 永久居住证的撤消

如果持有人不再满足永久居留的标准和条件，违反毛里求斯法律或提供虚假或误导性信息，则可以在不给予理由的情况下，随时撤销其永久居住证。

6.4.8 违禁入境移民

根据《移民法》和《驱逐出境法》，个人被剥夺居留权或不再具备居留权后，即被视为违禁入境移民。有关通知将会被送交至个人的最后一个已知地址。

6.5 工作准证

工作准证主要是为了吸引技术工人来毛里求斯以促进毛里求斯工业和经济的发展。

已签发工作准证数量：2015年18 678份；2016年22 400份；2017年9月159 45份。[①]

《非公民就业限制法（1972）》规定，若不具有相关有效合法的许可证，非公民不能以获得薪酬或收益为目的在毛里求斯从事任何职业，或在毛里求斯被雇佣。该法案同时规定"若聘用关系不具备有效许可证，任何人不得在毛里求斯雇用非公民"。

6.5.1 什么是工作准证？

工作准证允许外国国民在一定时间期限内，在毛里求斯为特定的雇主工作。该许可证属于个人，且不可转让。

6.5.2 免除工作准证

特定类别的外籍雇员，例如由政府各部门、大使馆、毛里求斯大学等其他机构雇佣的外国工作者，在毛里求斯工作期间，可以免除工作准证。雇主可以向劳工、劳资关系、就业和培训部（Ministry of Labor, Industrial Relations, Employment and

---

① 数据来源：劳工部。

Training, MLIRET）申请免除证书[①]。

6.5.3　获得工作准证的资格标准

外籍人士应当具备从事该工作的技能、资质和经验。年龄为20～60岁。60岁以上的外籍人士须有指定的专业技能。

6.5.4　雇主预申请阶段

1. 单个工人雇主（管理、监理、技术和专业级别）

雇主必须在电子系统中为公司注册，并且获得预申请许可以及适用的其他许可。

2. 大批技术工人雇主

对于从事建筑的工人，以及来自医疗、工程和电信部门的大批技术工人，雇主或机构必须：

（1）提出一般有效期为6个月的许可请求。

（2）采用的技术工人配额比例为1名外国工人配3名当地工人。

（3）基于配对需求，在信息与通信技术部门每雇佣1名外国工人，就需要向1名毛里求斯人提供1份同等工作。

（4）针对收入少于3万卢比的人士，需获得由劳工部工人办公室审核的雇佣合同。

（5）获得卫生部和消防管理局的批准，以及从卫生部获得1份基于工人原国家体检报告的临时健康证明。

（6）确保楼房根据要求获得建筑和土地使用许可证（Building & Land Use Permit, BLUP）。

注意：预申请阶段涉及的所有步骤须在申请工作准证和工作居住证之前完成。

6.5.5　申请流程

（1）通过www.workpermit.mu上的电子工作准证门户在线进行申请。

（2）填写同时适用于工作准证和工作居住证的普通申请表。

（3）扫描相关资料并上传提交，例如组建公司证书、相关许可证、地址证明以及与孟加拉国和中国工人相关的额外资料等。

（4）在出纳处支付700卢比的手续费。

（5）签署申请注册表格。须核实经扫描的原件。

（6）主管或指定用户需要在发出通知的2周以内亲自致电劳工、劳资关系、就业和培训部的就业局。

[①]　参见：http://www.workpermit.mu。

（7）签发的用户名和密码将会发送至申请人电子邮箱。

（8）申请将提交至工作准证工作组。

（9）劳工部对此拥有最终决定权，在得到工作准证工作组的批准时签发工作准证。

（10）工作准证的手续费为1000~50 000卢比（宗教机构和慈善机构在获得总理批准后，可免交工作准证费用）。

（11）如果申请被拒绝，自总理作出决定的当天开始的1个月之内可进行申诉，且只能申诉1次。

注意：持有旅游签证且已经身处毛里求斯的非公民若申请工作准证，毛里求斯当局将不予考虑该申请。此类情况必须在入境前提出声明。

1. 工作准证费用

工作准证申请费用及有效期如表6-1所示。

表6-1 工作准证申请费用及有效期

工作准证相关工作	费用/卢比	有效期
博彩或其他类似业务的从业人员	5万	1年
针对第一赛季进行训练和比赛的赛马骑师	2.5万	1期
针对第二赛季或者后续赛季进行训练和比赛的赛马骑师	5万	1期
第一或第二赛季的受薪负责人	5万	1个赛季或赛季中的任一段时间
第三赛季或后续赛季的受薪负责人	10万	1个赛季或赛季中的任一段时间
进行单人表演的职业演艺人员	2万	1个月或1个月中的一段时间
进行团体表演的职业演艺人员	3万	1个月或1个月中的一段时间
任何制造业的雇员	1000	第一年至第五年
	6000	第六年至以后
在以下行业工作的雇员： ①酒店和饭店； ②信息与通信部门、多用途农业工人、渔船上工作的渔民和冷冻工人	1500	首次签发的准证有效期1年
	2000	第二年或第二年内的一段时间
	2500	第三年或第三年内的一段时间
	3000	第四年或第四年内的一段时间
	3500	第五年或第五年内的一段时间
	1万	第六年至以后

续表

工作准证相关工作	费用/卢比	有效期
其他雇员	5500	首次签发的准证有效期1年
	6000	第二年或第二年内的一段时间
	6500	第三年或第三年内的一段时间
	1.1万	第四年或第四年内的一段时间
	1.2万	第五年或第五年内的一段时间
	1.5万	第六年至以后

需支付的年费采用以下公式计算得出：MUR $500 \times N^*=T^{**}$

*N 代表以按年计算的工作准证有效期

**T 代表不予退还费用

来源：工作准证指南，毛里求斯投资董事会，www.investmauritius.com。

2. 海外工人的临时工作准证

若某些公司的工人仍然在海外工作，尚未进入毛里求斯，这些公司在支付费用后将会获得在线签发的有效期为6个月的临时工作准证。该准证允许外国工人到访毛里求斯。

3. 工作准证卡

劳工部在外国工人到达毛里求斯之后，将会签发工作准证卡。公司或雇主需在工人到达后的2个工作日以内致电劳工部领取卡片。

6.5.6 地址变更和旷工

工作准证持有人必须在变更地址的15天内通知劳工部。除此之外，如果工人超过5天未参与工作，雇主必须将工人的缺勤情况上报给劳工部。

6.5.7 更新工作准证

更新工作准证的申请需在工作准证到期前向总理提出。申请须至少在到期前的15个工作日内提出。若总理批准申请和同意更新工作准证，申请人需在申请生效的15个工作日以内更新。对此进行约束的条款和条件，在工作准证中有具体说明。

注意：海外部门工作准证申请（新办和更新）应通过金融服务促进委员会提交。自由港部门工作准证申请（新办和更新）应通过经济发展局的自由港工作组提交。

6.6 回归居住计划

归国居民指的是尚未宣布放弃毛里求斯公民身份,并回到毛里求斯定居的毛里求斯公民。具备该身份者必须持有毛里求斯护照。

6.6.1 奖励措施

(1)针对家庭和个人财产发放津贴。

(2)根据《消费法》以特许关税税率进口机动车或者摩托车。

注意:具备获得特许优惠资格的人士,有责任为其购买的机动车的前150万卢比部分,按15%的费率支付消费税和增值税。无论车辆的使用年限和发动机排量是多少,目前税率均为15%。

若公民在毛里求斯境外购买机动车或摩托车,须确保机动车是其在回国前购买,并在其回国日期的180天以内以其名义运送至毛里求斯。车辆需满足右座驾驶的要求。左侧驾驶的车辆将禁止引进。

如果公民是在毛里求斯国内的机动车授权经销商购得机动车,可以享受机动车或摩托车的关税减免,且需要在其回国后180天以内完成海关清关。该优惠只能享受1次。

6.6.2 享受以上奖励的条件

要享受以上奖励,必须具备以下条件之一:

(1)在回到毛里求斯之前,归国公民应该在毛里求斯境外居住了至少5年,并且在境外工作的时间达到上述时间。

(2)在回到毛里求斯的前10年中,该公民在毛里求斯工作的时间总计未达到3年,或者已经达到退休年龄不再工作。

6.6.3 如果归国公民在毛里求斯临时居住和工作,并决定永久留在毛里求斯,他们需要如何享受奖励措施?

公民可以向毛里求斯税务局局长提交申请,要求在这一项上享受减免,但须确保自公民临时回国当天算起的3年以内该申请被局长所接收。在这种情况下,公民提交申请的日期将被视为其最终的归国日期。

6.6.4 享受减免的受益人的责任

每一位享受该减免特权的个人都应该:

（1）向税务局局长提交证据，证明其引进机动车或摩托车的12个月后，最多不超过1个月开始算起，持续4年均在毛里求斯居住。

（2）有责任支付全额的消费税和增值税，以表明享受了减免特权。一旦受益人自引进当天开始算起的4年之内出售、抵押或者处理机动车或摩托车，则需要支付不超过应付款的50%的罚款，以及基于应付款而产生的利息。该利息以月或1个月的部分时间为单位，按0.5%的利率计算。自其享受减免特权到交易付款的整个期限，都需计算该利息。

注意：当受益人在引进机动车或摩托车时开始算起的4年之内死亡，如果该机动车或摩托车在该期限内未被出售、抵押或处理，则无须支付已经授予该减免特权的关税和增值税。

6.6.5　以非公民配偶名义进行注册

当机动车或摩托车以非公民配偶名义注册时，只要该毛里求斯公民符合条件，且配偶跟随该公民在毛里求斯定居，即使配偶不是毛里求斯公民，也可以享受该减免特权。

当毛里求斯公民享受了机动车或摩托车的减免特权时，其配偶或者任何受供养的子女则无法享受该项优惠中关于机动车或摩托车的其他消费减免特权。

6.7　毛里求斯公民身份

毛里求斯公民有权获得毛里求斯护照和身份证，并享有投票权。

毛里求斯公民身份有以下获得方法。

（1）出生在毛里求斯境外，如果父母一方为毛里求斯公民（仅限第一代）。

（2）通过出生，1995年10月1日前出生于毛里求斯，父母为毛里求斯人/外国人，或1995年10月1日后出生于毛里求斯，且父母一方为毛里求斯公民。

（3）领土合并。

（4）收养。

（5）根据《宪法》第20条，查戈斯群岛公民。

（6）归化。

（7）复职。

（8）智慧城市计划。

（9）登记注册。

（10）与毛里求斯配偶结婚。

6.7.1 外国投资者入籍

在毛里求斯投资总额度不低于50万美元，且在提交申请前连续居住在毛里求斯的时间不少于2年的外国投资者，可以申请公民身份。

注意：根据《毛里求斯公民法》，对于任何申请通过或被拒的情况，不得要求总理提供任何解释的理由。此外，总理的决定将不接受任何法庭上诉或复审制约。

6.7.2 智慧城市计划

任何在智慧城市计划下购买了住宅单位的外国公民，如果在申请前已在毛里求斯连续居住2年，在毛里求斯投资不少于500万美元，就有资格申请毛里求斯公民身份。

注意：《毛里求斯公民法》应考虑该人士为获得许可证在毛里求斯的任何居留期。

6.7.3 非公民配偶的公民身份

获得临时居留许可并持有居住证的非公民，可在获得居住证4年后申请注册为毛里求斯公民，条件是部长确信该非公民满足下列条件：

（1）在申请之前，已与配偶在毛里求斯的同一住所居住了至少4年。

（2）品行良好。

（3）充分了解英语或毛里求斯现行的任何其他语言，并了解毛里求斯公民的责任。

注意：为避免疑义，应根据《移民法（2022）》的临时居留许可考虑在毛里求斯的居留期。

如果部长掌握可靠的信息，并确信这符合国防、公共安全或公共秩序的利益，可自行决定剥夺任何人的毛里求斯公民身份，无须任何理由。

如果一个人将成为无国籍人，部长不得剥夺其毛里求斯公民身份。

第7章
创办企业

因流程简单直接,毛里求斯成为创办企业的一个极好的选择。任何人只要遵守毛里求斯法律,并且在毛里求斯组建和注册了企业或公司,都可以创立和拥有自己的企业。

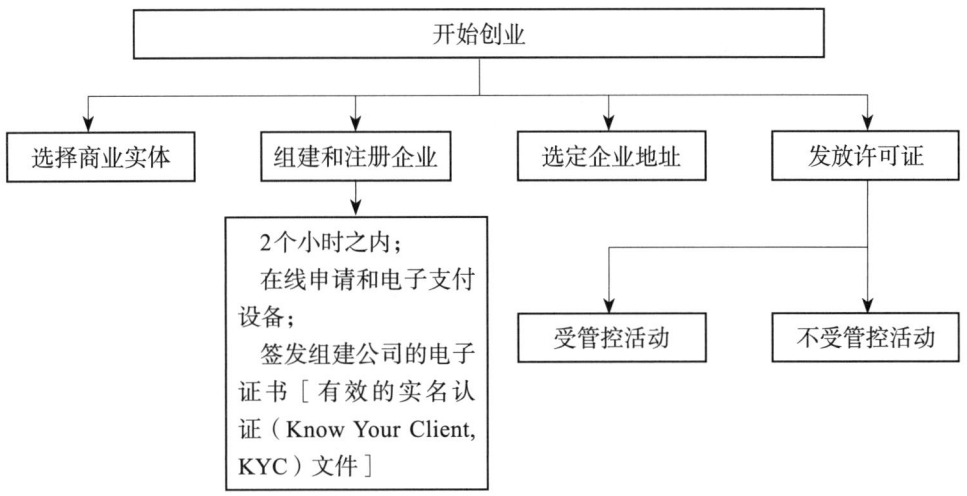

其中,受管控活动需要在开始营业前获得由相关机构签发的执照。而非受管控活动不需要许可证或执照,但不得涉及建筑工作与土地开发;在中央企业注册数据库(Central Business Registration Database, CBRD)注册之后开始经营,不需要环境审批。

2017年,毛里求斯商业排名位居非洲第一,在全球189个经济体中位居第25名。毛里求斯各营商主题排名情况如表7-1所示。

表7-1 毛里求斯各营商主题排名情况

主题	2018年营商排名	2018年营商前沿距离分数	2017年营商前沿距离分数	前沿距离分数变化
总体	25	77.54	75.45	2.09

续表

主题	2018年营商排名	2018年营商前沿距离分数	2017年营商前沿距离分数	前沿距离分数变化
创办企业	40	92.00	91.65	0.35
处理建设许可证	9	82.45	78.21	4.24
接通电力	51	82.03	81.97	0.06
注册资产	35	77.89	62.82	15.07
获得贷款	55	65.00	65.00	—
保护少数群体投资者	33	66.67	66.67	—
纳税	10	90.85	90.85	—
跨境贸易	70	79.90	78.67	1.23
执行合同	27	69.58	69.58	—
解决破产	36	69.06	69.06	—

数据来源：世界银行2017年数据。

7.1 企业成本

成本是决定一个国家能否在国际市场中参与竞争的因素之一。成本由商业模式和所从事的产业决定。

毛里求斯的企业可以享受很多优势，包括较低的商业税收、具有竞争力的效用成本和较低的办公室租赁费用。

这一节的目的在于让投资者对其在毛里求斯经营生意时的主要开支进行初步评估。投资者可以联系经济发展局以获得具体细节。

7.1.1 组建公司的成本

请参阅7.3.5节内容。

7.1.2 贷款费用

对于企业来说，融资渠道及其成本十分重要。可获得的资本对于企业日常运营十分关键。

银行、租赁公司和其他融资机构可提供贷款和透支额，是公司进行短期融资的重要资源。

商业银行收取的利率依照最优惠贷款利率而定，该利率与卢比汇率挂钩，目前年利率为4.00%。不同商业银行提供的最优惠贷款利率会有细微浮动。目前1年最优惠贷款利率为6.25%～7%。商业银行提供的贷款和垫款利率将根据商业银行的贷款政策以及公司提供的附属担保品性质而变化。通过外币借贷可获得资金，所收取的利率与伦敦银行同业拆放利率相近[①]。

7.1.3 能源开支

大量服务和业务活动都会产生此类开支。对许多公司来说，能源开销为主要的效能开支。

1. 供水

毛里求斯境内的供水由中央水务局负责管辖。

企业无须预约便可到中央水务局办理接入供水网的申请，所需材料清单和费用可在线查询获悉。水管连接可于10个工作日之内完成。毛里求斯供水费用情况如表7-2所示。

表7-2 毛里求斯供水费用情况

供水类型	关税编号	最低收费/卢比	每额外多出1立方米收费/卢比
商务消费者	14	1122.00	34.00
商业消费者	18	391.00	23.00
工业消费者	16	450.00	18.00
农业消费者（蔬菜、鲜花、果树或者其他作物种植者、牲畜或家禽生产者）	17	220.00	11.00
水产业消费者	81	1.00（每立方米）	1.00
未经氯化的水	91	10.00（每立方米）	10.00

数据来源：中央水务局，2018年3月。

2. 废水处理

可在线向废水管理局（Wastewater Management Authority, WMA）进行申请并上传以下材料：申请人身份证、中央水务局发票、产权证、选址平面图、建造许可证（可选项）和协议书（若具备）。下水道连接将在30天以内完成。根据《免费入户废水连接政策》（Wastewater Free House Connection Policy），低于17.5万卢比的下水道

[①②] 来源：毛里求斯投资促进局。

连接工程将不收取费用②。

注意：入户连接包括了连接公共、私人、宗教、商业和工业等场所到现有废水网络的业务。

废水处理费用为每立方米27卢比，针对商务场所收取的最低费用为270卢比。

3. 电力

制造业的电力开销比非制造业多不少。中央电力局（Central Electricity Board, CEB）是毛里求斯唯一的授权经销商。电力消费的商业关税按照连接的时间和电量来确定。工业或商业关税则依据高压或低压电实施。经过修订后的《电力法》已简化了申请批准的流程，中小型电力供应商的可再生能源发电量若少于200万瓦，则可提交申请。

接入电网的申请可无须预约直接在中央电力局办理，亦可通过电子邮件申请。针对商业和工业建筑的入网文件和费用可以通过点击中央电力局网站上的"顾客服务"获得。①

4. 通信费用

通信费目前正在进行下调，政府将确保提供更加便宜的资费和覆盖面更广的带宽容量。毛里求斯接入了SAT-3/WASC/SAFE和LION海底光缆，并拥有多家因特网服务供应商。

以下为毛里求斯主要电信公司提供的不同类型的月租费用参考价格。

通信费根据不同运营商产生变化，通信费用情况如表7-3所示。

表7-3 毛里求斯通信费用情况

连接类型	月租费
ADSL 1兆	2400卢比
ADSL 2兆	4900卢比
ADSL 4兆	8000卢比
超高速宽带30兆/10兆	450美元
超高速宽带100兆/35兆	1750美元
直连因特网10兆（1∶1）	2100美元
MPLS VPN（至欧洲）2兆（受保护的服务）	1700美元
MPLS VPN（至欧洲）10兆（受保护的服务）	6000美元

数据来源：毛里求斯电信，2017年1月。

互联网宽带的平均开销为每月36.73美元。

---

① 数据来源：毛里求斯投资促进局。

7.1.4 保险费用

企业自运营的第一天起就应该配备保险。出于风险保护,不同业务将会侧重不同方面。常见的一些商业保险包括雇主责任保险、专业赔偿保险、公众和产品责任保险、建筑物和财产保险,企业可以通过联系保险代理了解具体费用。

7.1.5 劳务支出

对于大多数公司来说,劳务费是其业务中最大的开支。劳务费由工资和薪酬以及雇主的社保开销组成。同欧洲国家相比,毛里求斯的劳务费比较低廉。

注意:招聘时可能需要向中介支付费用。

1. 工资和薪酬

请参阅8.1.2节内容。

制造业、管理和后勤员工参考工资如表7-4所示。

表7-4 制造业、管理和后勤员工参考工资

级别	平均月工资*/卢比
非技术工人	7000~8000
见习毕业生	8000~1.2万
技术工人	7000~1万
工程师	4万~5万
经理	6万~8万
高级管理人员	10万以上

*不包括任何社会保险费用。

数据来源:阿伦塔里斯(Alentaris)(2017年)。

2. 雇主社保成本

除发放员工的月度总薪酬以外,雇主需要向国民退休基金、国民储蓄基金为员工缴纳社保,以及向人力资源开发委员会缴纳的培训费应达到总薪酬的10%,并在每个月结束的20天之内支付。

针对外国工人,雇主可以在员工工作开始的第一天起缴纳。若外国工人在出口型制造企业工作,上述款项可以在工人连续居住的2年后再缴纳。

以下为适用缴纳比例[①]:

国民退休基金:雇主6%;员工3%。

---

① 数据来源:社保部、国家团结改革署和毛里求斯税务局(2017年)。

国民储蓄基金：雇主2.5%；员工1%。

培训税：1.5%。

企业社会责任相关的缴款：账面利润的2%。

注意：企业可以直接向毛里求斯税务局支付社会缴款。

3. 其他成本

（1）年终奖奖金；

（2）产假或陪产假薪金（员工工作时间超过1年）；

（3）（上下班）公交车费用的退款。

7.1.6 物业开销

对于很多公司来说，物业支出是公司第二大项开销类别。商业物业的成本依据其功能、质量和地址而定。

1. 租金成本

以下为租赁商业用途的建筑或土地的开销。

办公楼：每月每平方英尺33～56卢比

工业用地：每年每公顷28万～38.5万卢比

厂房用地：每月每平方英尺10～20卢比（根据楼层而定）

2. 建造成本

以下为建造成本预算。①

办公楼：2.2万卢比/平方米

工业楼：1.8万卢比/平方米

本地住宅：3.5万卢比/平方米

豪华住宅：6万卢比/平方米

商业地产：2.5万卢比/平方米

不同级别的酒店：500万～600万卢比/房间（依酒店星级而定）

3. 物业注册

在注册物业时，买方必须支付注册税，卖方则需要支付土地转让税，该税种在进行不动产转让时征收。②

注册税：交易额的5%

土地转让税：交易额的5%

公证费：交易额的前25万卢比的2%；额外上浮的50万卢比的1.5%；再次上浮的100万卢比的1%；剩余额度的0.5%。

---

① 数据来源：《工业预算（2017年）》。

② 数据来源：注册总务处（2017年）。

4. 服务供应商

服务供应商/服务类别收费如下。

地产中介费：根据物业价值收取1%~2%佣金

建筑师费用：项目造价的6%~9%

工程师费用：项目造价的1%

7.1.7 交通费用

毛里求斯高效的交通系统能够让企业在向消费者、零售店和供出口的港口运送商品时更加便捷。运输费用依制造过程计算，反映了运送成品到市场的成本。

以下为由4人进行卸载的集装箱25千米费用。

20英尺集装箱：

轻型材料：7500卢比+增值税

重型材料：9000卢比+增值税

40英尺集装箱：

轻型材料：9000卢比+增值税

重型材料：1.4万卢比+增值税

7.2 企业架构

企业的形式可以是自营活动，也可以是与毛里求斯同行的合伙企业，或者是通过公开招股或私营公司、受保护单元公司、信托等多种实体的100%外资公司。

常见的法律实体形式有：

①公司（详见7.3节内容）；

②合资公司/合伙企业

合资公司受《商事法典》的约束。有集体名义公司、普通两合公司和民事公司3种类型。

合伙企业是由2个或2个以上的合伙人为特定目的组成的联合。

7.2.1 有限合伙企业

根据《有限合伙制法（2011）》，有限合伙企业可以选择具有法人资格，并且必须至少有1名普通合伙人参与有限合伙企业的经营和管理，以及1名或多名不参与有限合伙公司管理的有限合伙人。普通合伙人对合伙企业的所有债务和义务负责，1名有限合伙人仅对其承诺的最大金额负责。

必须有一份对合伙人有约束力的合伙协议，规定合伙企业的事务以及业务开展的事宜。

7.2.2 有限责任合伙企业

根据《有限责任合伙制法（2016）》，有限责任合伙企业可以由2个或2个以上的合伙人成立，并应在有限责任合伙企业注册处注册。

合伙协议规定了合伙人的权利和义务，以及有限责任公司的运作方式。其主要特点是，责任由合伙人的作为或不作为决定。

有限责任公司通常用于持有资产、贸易活动、构建家庭财富和私募股权投资。

7.2.3 信托

信托根据《信托法（2001）》成立，可以由居民或非居民设立。信托不需要任何注册、法人实体或公司备案。此外，信托不具有法人资格，受托人须履行信托责任。

根据信托契约规定的条款，信托的委托人将财产或资产转让给受托人，由受托人代表指定受益人持有和管理。该概念的本质是合法所有权和受益所有权的分离，即财产由受托人合法拥有，但为受益人的利益而持有和管理。

7.2.4 基金会

基金会是根据《基金会法（2012）》成立的实体，创始人将其财产转让给基金会，理事会成员集体管理一个或多个创始人捐赠的基金会资产。基金会可以为其章程中规定的任何目的而成立，只要其宗旨不违反毛里求斯的法律。目标可以是慈善、非慈善或两者兼有，也可以是为了个人或某类人的利益而实现特定目的，或两者兼之。

7.3 公司

依据《公司法（2001）》可注册成立公司。公司实体最常见的形式是有限责任公司。公司的创建流程简单直接，可分为股份责任制、担保责任制、股份担保责任制或无限责任公司。

7.3.1 公司类型

（1）有限责任公司，指的是具有固定期限的公司。该公司需至少2名股东。

（2）休眠公司。

（3）外国公司，指的是在毛里求斯境外组建的公司实体。此类公司需在毛里求斯注册才可运营。在确定业务地点之后的1个月以内，该类型公司需向公司注册官提供以下材料。

①经过认证的组建公司证书和公司结构的复印件；
②2名居住在毛里求斯的个人的姓名和地址，他们经授权可接受或执行公司的服务；
③外国公司的主管列表以及主管的具体权力；
④已注册的办公室的地址。办公室每日对公众开放的时间不少于4小时，周六日和公众节假日除外；
⑤符合国际会计标准的最近资产负债表和财务报表的复印件。

外国公司在其举行股东年度会议的3个月以内，向注册官提交最新账目的复印件和当地分公司最近1个会计年度结束后的6个月以内的财务报表复印件。

7.3.2 公司分类

公司可以以公开招股公司或私人公司形式注册。若未作出声明，则为公开招股公司。

1. 公开招股公司

非私营的公司，可以被视为公开招股公司。公司中有超过25名的股东，可以向公众出售其股份。上市公司，其股票可以在证券交易所中进行报价，为公开招股公司的一种类型。

2. 私营公司

私营公司中的股东人数不能超过50人，且无法向公众出售其股份。

小型私营公司：小型私营公司指的是年营业额不超过1000万卢比的公司。此外，该公司无须任命秘书或者审计，也无须签发股份证书，且可以具备年龄超过70岁的董事。

7.3.3 公司的主要特征

- 无最低实收资本
- 允许100%外国所有权
- 15%的税率
- 分红无税收
- 对遣返利润无外汇管制或限制
- 最少可有1名股东——允许外国公司和个人股东100%持股。无须为毛里求斯居民。
- 至少需要1名独立董事，且该董事必须是毛里求斯普通居民。

注意：这些特征受相应法律和规定约束。

《公司法》要求公司至少有1位董事是毛里求斯居民。董事履行公司的职责，包括诚实实施其权力，真诚、尽力为公司的利益谋划等。董事必须勤奋能干，具备谨慎的行事能力，能够在类似境况下理性、审慎地处理事务。执行董事和非执行董事的职责没有区别。

7.3.4 组建公司

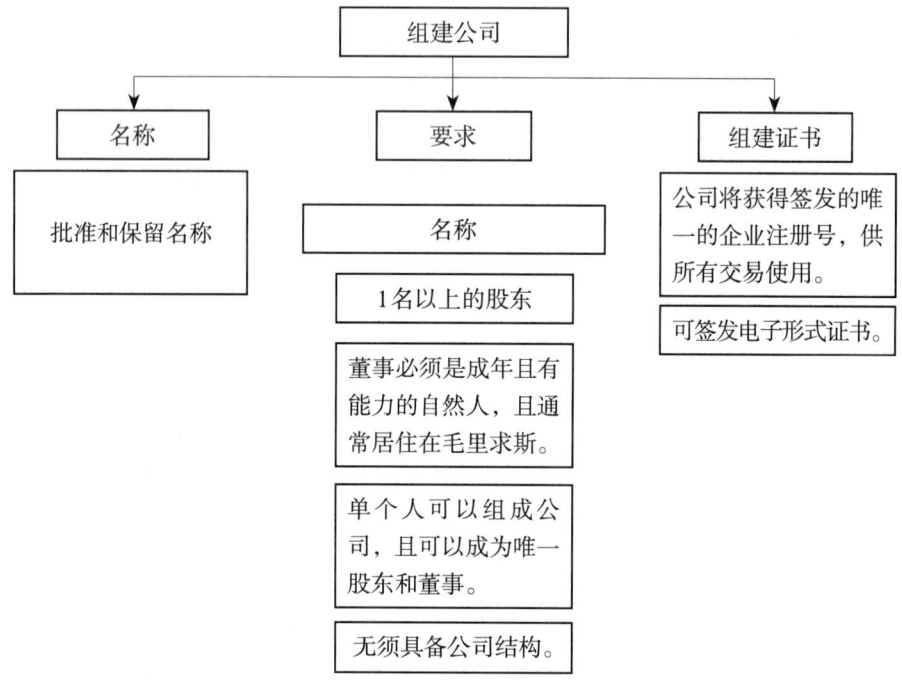

（注：组建公司的申请涵盖了同期提交的公司注册申请。）

7.3.5 正式注册手续

企业家必须保证在建立公司前具备可使用的公司名称。公司名称受《公司法》约束。

步骤一　在线注册

组建公司的流程简单、直接、有效。组建过程可在线完成（http://portalmns.mu）。填写指定的表格并提交相关资料。

其中1名董事应该是毛里求斯居民。如果董事为非公民，则需提供其居住许可证的复印件。组建持有第一类全球商业执照或者第二类全球商业执照的公司时，需要金融服务委员会批准后方可生效。

申请被确认后，需支付申请费。

步骤二　支付组建公司费用

组建公司费用如下。

私营公司：3000卢比/91美元

上市公司：1.35万卢比/405美元

第一类全球企业（上市）：1.35万卢比/405美元

第一类全球企业（私营）：3000卢比/91美元

第二类全球企业：65美元/65美元

注册外国公司：1.35万卢比起/405美元起

证书费200卢比/证书费6美元

基金会合伙制公司：9100卢比/276美元

有限责任公司（国内）：3200卢比/97美元

有限责任公司（全球）：3200卢比/9美元

商业合资公司：9000卢比/273美元

民事合资公司：免费

有限责任合伙制公司：3200卢比/97美元

外国有限责任合伙制公司：9200卢比/279美元

其他费用：

档案汇总：100卢比/3美元（在线提交）

200卢比/6美元（中央企业登记数据库收取）

已签名的组建公司证书：300卢比/9美元[①]

步骤三　签发组建公司电子证书

签发组建公司电子证书时无须支付额外费用，该电子证书同样是有效的实名认证文件。

注意：公司无须向社保部注册，雇主无须向毛里求斯税务局注册，因为注册公司时已自动完成。

7.3.6　常见股票类型

- 普通股
- 优先股
- 可赎回股份
- 具备和不具备投票权的股份

注意：在股东名册上，公司不得转移股份，除非有效的股份文书已经按照《注册税法》所指定的形式发送至公司。注册时需支付5%的税金。

---

① 来源：公司署（2017年8月）。

7.3.7 已注册的办公室

- 公司必须具备注册地址,该地址应是实际地址,而非邮政信箱地址。公司地址至关重要,所有正式文件都只寄送至该地址。
- 已注册办公室须保留所有法定注册和记录。
- 公司需在其办公地点展示商业注册卡。

7.3.8 会议

为了公司和股东的利益,举行董事会会议和股东会议。

7.3.9 申报义务

公司(在其股东年度会议的3个月以内)应该向注册官提交最近的账目和财务报表,且必须在会计年度结束的6个月以内完成。公司需要在年度会议的28天以内提交1份年度收益表。

营业额未达5000万卢比的小型私人公司不需要准备财务报表,但需要根据《公司法》第九项计划规定的形式,准备包含资产负债表、收益表以及不含注解的财务总结报告。该类型公司无须进行审计或获取具有资质的审计的协助。

上市公司必须按照国际会计标准提交由具有资质的审计审核过的财务报表。毛里求斯的上市和非上市公司必须采用《国际财务报告准则》。

《公司法》规定,营业额超过5000万卢比的公司需根据《国际财务报告准则》的要求进行申报。

7.3.10 清盘(根据不同方案)

(1)成员主动清盘;
(2)债权人要求清盘;
(3)法庭要求清盘。

注意:在清算有限公司时,需指派一名破产管理人而不是清算人。

7.3.11 撤销公司注册

公司若出现以下情况,将终止营业。
(1)合并;
(2)公司未提交年度收益表;
(3)公司未能支付注册费;
(4)被冻结。

注意:股东提交反对撤销公司注册的证据的时间期限为2周。

7.4 企业注册

毛里求斯的所有企业都必须在公司和企业注册局登记注册。

7.4.1 商业的定义

"商业"是指人们所从事的各种形式的交易、贸易或制造、工艺、行业、专业、工作或职业行为,或者为获利或盈利而进行的活动,但不包括:
①办公或雇佣行为;
②个人在自己的住所内而非商业场所内从事的手工艺活动;
③在面积不超过42 208公顷(10阿庞)的场地上从事的经营活动。
商业还包括法定机构、合作社、社会团体、协会和工会的所有活动。

7.4.2 预注册(名称预定)

能够在线查询可使用名称。
详见7.5节内容。
注意:商业注册不强制要求名称预定。

7.4.3 在公司和企业注册局注册

企业一旦决定了业务结构和业务规模,就必须进行商业注册。可在线注册(https://portalmns.mu),注册须提供营业地点的实际地址。
注意:公司和企业注册综合系统允许公司在线注册和申请全国企业注册号。注册一家公司的过程不超过2小时。

步骤一 填写相关申请表
注册企业时可使用以下三种表格:
企业注册表1适用于个人;
企业注册表2适用于公司/商业伙伴关系;
企业注册表3适用于"合资公司"。
表格均可在线下载(http://companies.govmu.org)。
申请表必须注明:
- 个人全名和身份证号
- 业务名称
- 业务的一般性质
- 主营地址

- 开业日期或拟开业日期
- 预计或实际劳动力人数以及其他相关信息

步骤二　付款

在申请被确认后，应立即付款。

注册费取决于申报的劳动力人数，每3年缴付一次。

注册费费用如下：

员工人数不超过10人：125卢比

员工人数为11～50人：250卢比

员工人数为51～100人：600卢比

员工人数为100人以上：1500卢比[①]

注意：上述注册费不适用于公司/商业伙伴关系。

步骤三　签发企业注册卡

若公司和企业注册局审核通过了所提交的资料，会为该业务办理注册，并签发企业注册卡及公司注册证。企业注册卡上的企业注册号（Business Registration Number, BRN）是该业务的唯一识别号码。

注意：任何公司或企业只能分配唯一的企业注册号或注册卡。企业注册卡以电子形式发放。

（1）依照《企业注册法》注册的非毛里求斯公民。

根据《企业注册法》，非毛里求斯公民在注册时应该：对其商业活动所做的每一笔交易，都使用企业注册号；若从事与公共机构有关的活动，使用并在所有相关文件上注明移民官员分配的电子版或其他形式的身份证号码。

（2）未依照《企业注册法》注册的非毛里求斯公民。

根据《企业注册法》，未注册的非毛里求斯公民，若与公共部门开展交易活动，应使用并在所有相关文件上注明移民官分配的电子版或其他形式的身份证号码。

7.4.4　注册的企业活动职责

- 使用企业名称。
- 使用唯一的企业注册号。
- 发生地址变更、业务转让的情况，要在14天内通知公司和企业注册局。
- 在申请注册15天内，向所在的地方政府部门（市或区议会）缴纳交易年费。交易年费的金额取决于注册的商业活动类别。
- 每3年办理一次企业注册卡的续期。

[①] 数据来源：公司署（2017年8月）。

7.4.5 注册年费

在公司和企业注册局注册的企业应每年缴纳注册费,以保留其资格。费用须在每年1月3日至1月20日(含1月20日)之间支付。1月20日之后,费用会增加。

7.4.6 中央企业注册数据库

为方便起见,业务注册官应通过中央企业注册数据库与其他公共部门分享相关业务信息。中央数据库中的公司注册信息与毛里求斯税务局和地方政府部门的数据实行共享。

7.5 域名、企业名称与知识产权注册

对企业来说,检查预定名是否可以作为域名、企业名称和商标使用,是否符合毛里求斯法律,至关重要。

7.5.1 域名注册

毛里求斯的企业经常在网上开展业务。域名是其唯一的含字母及数字的名称,位于毛里求斯国家代码域"Mu"中,用于计算机访问互联网。它由毛里求斯域名注册处经营,任何人都可以注册。注册期至少为一年。

企业网站对于开展业务非常重要,因此确保选定的名称与可用的域名相匹配是明智的做法。

一旦获得执照,企业在有效期内便获得了该域名的专有使用权,通常可以续期。

7.5.2 企业名称注册

在公司和企业注册局网站(http://companies.govmu.org)上可查询企业预定名称是否适用。名称搜索服务免费。

注意:名称预留有效期为2个月。

在公司注册和/或成立之前,企业名称必须经公司和企业注册局批准。该名称不得欺骗或误导公众,或处于使用中,或违反任何成文法规,或暗示获得了政府或法定公司的资助。

7.5.3 知识产权注册

知识产权被视为一种经济资产。企业应采取措施保护自己的知识产权资产、创意和创新成果不被他人擅自使用。

毛里求斯严格按照世界贸易组织《与贸易有关的知识产权协定》,维护知识产

权。毛里求斯是《保护工业产权巴黎公约》《保护文学和艺术作品伯尔尼公约》《世界版权公约》的签署国。

毛里求斯是29个知识产权保护协会的签署国之一，充分保护外国公司的知识产权。

1.《版权法（2017）》

版权是存在于作品中的经济和道德权利，用于保护文学、电脑程序、戏剧、音乐和绘画等作品。知识产权受《版权法（2017）》保护并受艺术和文化遗产部（Ministry of Arts and Cultural Heritage，MACH）的监管。

《版权法（2017）》使版权相关法律符合《世界知识产权组织表演和录音制品条约（1996）》（WIPO Performances and the Phonogram Treaty, WPPT）。法案旨在更好地保护作者、创作者、表演者和其他利益相关者的权利，并审查董事会的组成。

作品不需要登记注册，但只有当它是原创或智力创新，并被记录、录制、校正，或以其他方式浓缩为实质形式时，才能够受到保护。版权保护期限是作者有生之年及去世后70年。

未经版权持有人同意，擅自删除、修改电子版权管理信息，或未经版权持有人同意，擅自删除电子版权管理信息，并将作品进行销售、进口分销或者广泛传播的，构成侵权行为。

2. 知识产权

工业产权由外交、地区一体化和国际贸易部管理。《工业产权法（2022）》旨在促进创新，为工业产权的注册提供便利，并创造更好的条件以吸引高质量的投资。它将保护范围扩大到工业产权的所有组成部分，即专利、商标、工业设计、实用新型、植物育种者的权利、地理标志和集成电路布局设计。它提供了适当的执行机制，通过民事、行政和刑事程序来打击和阻止盗版或伪造行为。

3. 税收激励

2017年7月1日及之后成立的公司，若参与毛里求斯启动的知识产权收益创新活动，免征8年所得税。

4. 知识产权推广计划

其目的是鼓励个人、企业、工业和研发机构利用工业产权制度保护创新。该计划可为专利和工业设计提供50%的注册费用退款。申请人必须是毛里求斯公民或在毛里求斯注册的公司，且必须拥有知识产权。

5. 机构

（1）工业产权办公室。

该机构成立于2003年，主要职责为商标和工业设计的注册以及专利的授予。

（2）工业产权法庭。

若因监管员的决定而受到损害，可以提出上诉，法庭有权作出裁决。

法庭可受理撤销注册商标或集体商标的申请。

注意：法庭无权在仲裁时给予损害赔偿。

（3）毛里求斯作家协会。

除其他方面外，该协会将代表会员向作品使用者收取版权费，并将该费用分配给会员；代表和维护其会员在毛里求斯和国外的权益。

该协会获得法律授权，可代表版权所有者提出上诉，并在刑事诉讼中担任代表。

会员理事会：该理事会可拒绝会员申请，或根据会费缴付情况批准会员申请。版权所有人或独家被授权人可向理事会申请成为协会会员。

（4）海关。

该部门专门负责处理侵犯知识产权的行为，拥有搜查和扣押的权力。

关于申请暂停办理货物报关手续：任何专利、工业设计、集体商标或商标、版权的所有人或被授权人，能够以其专利、工业设计、集体商标、商标或版权正受到或可能将受侵犯为由，以书面形式向毛里求斯税务局总干事申请暂停相关进出口货物的报关。

申请表可从毛里求斯税务局海关网站（http://mra.gov.mu）下载。

只有在版权持有人已注册商标及持有版权的情况下，海关才能在毛里求斯港扣押货物。版权持有人须支付储存及/或销毁冒牌货品的费用。

（5）警方网络犯罪组。

该部门负责打击计算机和知识产权犯罪。知识产权所有者在毛里求斯需要有一名官方代表。法院会要求此代表证明查获的产品是假冒的，由此对侵犯知识产权的行为进行干预。

毛里求斯网络犯罪在线报告系统是全国性在线系统，公众可在此报告发生在社交媒体上的网络犯罪。

7.6 业务许可

7.6.1 建筑和土地使用许可

1.建筑和土地使用许可证的申请

任何人需要启动以下工程，应向市议会或区议会在线申请（https://business.edbmaurifius.org）建筑和土地使用许可证。

①进行建筑物的建造或拆卸，或对现有建筑物进行大面积改动、加建或修葺；

②在缓冲区内进行土地开发，包括拆卸建筑物。

土地使用许可证豁免条件如下：

①使用住宅单位或其一部分进行小型工业和/或商业活动，不会对环境产生严重影响。

②在农业用地上建造农作物生产的温室。

2. 申请流程

步骤一　提交文件

提交申请表和相关文件。

（1）申请表。

申请表是一份正式的申请，要求允许建造新建筑或将现有建筑物用于特定业务。申请可以电子方式提交。

注意：中央电子监控系统能够追踪所有建筑和土地使用许可证的申请。针对面积超过150平方米的建筑，申请建筑和土地使用许可证时，必须以电子方式提交。

（2）申请表共有以下5种类型。

①建筑和土地使用许可证申请表1：不超过3层的住宅开发；

②建筑和土地使用许可证申请表2：继承人之间关于地块的切除或分割；

③建筑和土地使用许可证申请表3：开展经济活动、创办小型企业、开发3层以上住宅，建设电信设施，建造公众礼拜场所；

④开发豁免申请表：开发豁免指不需要建筑和土地使用许可证的土地开发；

⑤规划纲要许可申请表：在土地开发产生任何实质性支出之前，无论是否被授予建筑和土地使用许可证，都应尽早向地方政府申请规划纲要许可。该许可有效期为12个月，它并不授权持有人在土地上动工，除非持有人已获得建筑和土地使用许可证。

注意：部长对规划纲要许可的批准只适用于土地开发或公众礼拜场所的建造。申请建筑和土地使用许可证时，若位于网络和服务良好的区域，无须获得毛里求斯中央电力局、中央水务局或废水管理局的批准。

步骤二　手续费的支付

申请建筑和土地使用许可证的手续费为500卢比。

步骤三

首席执行官应将申请表提交给：

①许可证及业务监察委员会；

②卫生部、中央电力局、中央水务局、毛里求斯消防和救援服务局、废水管理

局或其他规定的机构。如需这些机构以规定的方式处理、收集和转交申请，需支付一定的费用。

地方政府部门只有8个工作日的时间向申请人收集补充资料或文件。

申请完毕，会收到一份标有申请生效日期的回执。

地方政府会向当地公共设施及消防部门申请许可，许可证会在5个工作日内发出，超过期限则被视为已获批准。

许可证和业务监督委员会在14个工作日的法定期限内确定建筑和土地使用许可证的批准情况。

步骤四 发放建筑和土地使用许可证

若申请获得批准，在支付相关费用后，申请人将获颁建筑和土地使用许可证。自生效日期起有效期为2年。

许可证费用根据土地面积计算，即，250平方米及以下区域，每平方米10卢比；251至500平方米区域，每平方米20卢比；面积超过500平方米区域，每平方米50卢比。

若申请被驳回，申请人可以自传达之日起21天内，向环境和土地使用上诉法庭提出申诉。

若申请人在规定期满后2个工作日内未收到上诉法庭的裁决，在支付相应费用后，该上诉申请被认为已获得批准。

3. 经济活动类型

共有以下4种类型的经济活动：

- 商业（商店、展厅、办事处、超市、美容院）
- 服务（办事处、专业人员、银行、代理）
- 工业（轻工业和一般工业、车间）
- 特殊类型（大型超市、娱乐中心）

（1）经批准的建筑和土地使用许可证，应展示该经济活动所属的类别。

（2）若经济活动有变化：

①但属于同一类型，则无须取得新的建筑和土地使用许可证；

②转为另一类型，则须申请新的建筑和土地使用许可证。

4. 施工后

申请人必须告知地方政府部门建筑完工情况；从申请之日起，须在5个工作日内，获得地方政府部门颁发的合规证书；向地方政府提交合规证书申请后的5日之内，须获得行业证书；应向毛里求斯消防和救援服务局提交消防证书申请。

签发消防证书的费用如下：

①1100 卢比（2000 平方米及以下）；
②1650 卢比（2000平方米以上）①。

7.6.2 环境影响评估与初步环保报告

若拟议的发展规划对环境有影响，须先获得社会保障、环境和可持续发展部的批准，才能获颁建筑和土地使用许可证。

社会保障和环境部环境评估司受理环境影响评估和初步环保报告的申请，也会处理因反对者或公众抗议评估结果而向环境和土地上诉法庭提出的申诉。

1. 环境影响评估（Environment Impact Assessment, EIA）

环境影响评估是一项预测拟开发项目对环境产生何种影响的研究。它评估了项目发展对自然环境、人类健康和财产的预期影响。

《环境保护条例（附表修订）（2006）》B部分列出了需要获得环境影响评估许可证的企业。《环境保护法案（2002）》还授权部长对未列入清单的企业活动进行环境影响评估，评测其性质、范围、规模和敏感位置可能对环境产生的影响。

申请环境影响评估牌照

申请人向环境司提交的环境影响评估报告应包括：

①申请的电子版，15份打印文件，以及符合要求的额外副本；
②由提案人或其正式任命的法定代表人签字，并由制定报告的顾问会签。环境司有2个星期的时间来确定环境影响评估条件。环评的申请费为1.5万卢比。

注意：除非有初步环保报告或环境影响评估许可证，否则不得向企业授予任何开发许可证。

2. 初步环保报告（Preliminary Environmental Report, PER）

初步环保报告是环境影响评估的简化形式，进行这项初步分析的目的是确定相关影响以及减轻影响的办法。申请进行环境初评的费用为3000卢比。

《环境保护条例（附表修订）（2006）》A部分列出了需要初步环保报告的企业。这些规模较小的企业，就其性质而言，不会造成严重污染。

7.7 受监管活动许可证

由于某些业务活动是受监管的，企业在开始这些业务之前需要获得许可证。在申请许可证之前，公司必须先在公司和企业注册局登记。

如表7-5所示，受监管的业务活动在开始营业前，相关公司须取得有关机构颁发的许可证。

---

① 数据来源：毛里求斯投资促进局。

表7-5 受监管的活动及其颁发许可证机构

受监管的业务活动	颁发许可证/证书的机构
银行业务	毛里求斯银行
信息与通信网络，信息与通信技术企业和互联网服务	信息与通信技术管理局，信息与通信技术部门
危险化学品	健康与生活部
医疗保健，私营医疗机构活动	卫生部
环境活动（环境影响评估/初步环保报告牌照）	环境部
水产养殖、养鱼业，深海水应用项目（DOWA）	海洋工业部
自由港活动	毛里求斯税务局和经济发展局
全球商业/保险及其他金融服务	金融服务委员会
临床试验	临床研究管理委员会
旅游活动，如游船、水上滑板、冲浪或租船及相关的旅游活动	旅游局
教育和培训	幼儿保育和教育局、私立中学教育局及高等教育委员会

注意：可以在线（https://www.eregulations.mu）申请营业执照。

7.8 专业团体注册

如表7-6所示，专业人员必须在相关团体注册后才能从事相关职业。

表7-6 职业及其注册团体

职业	注册团体
会计师	毛里求斯专业会计师协会
建筑师	专业设计师委员会
律师	毛里求斯律师协会
审计师	财务报告理事会
高级律师	入职申请书由司法常务官转交给司法部部长和法律教育委员会
牙医	牙科理事会

续表

职业	注册团体
医生	医务委员会
高校讲师	毛里求斯资质管理局/高等教育委员会
公证人	公证员协会
护士	护理委员会
药剂师	药房委员会
外国律师事务所、合资企业外国律师	总检察长办公室

注意：外国律师无权在毛里求斯法庭出庭。

毛里求斯共有2家外国律师事务所、6家合资律师事务所和19名外国执业律师。

7.9 业务地点

毛里求斯为企业提供了多种经营场所，包括办公室、工业场所、零售场所和项目开发地。

经营地点的选择很大程度上取决于企业是提供服务、制造产品还是销售商品的。企业必须找到适合提供产品或服务的最佳地点。一旦确定了合适的地点，就需要决定是租赁、建造还是购买营业场所。

7.9.1 租赁

1. 可供租赁办公室

若企业决定租赁营业场所，则须选择有装修或无装修的办公场地。毛里求斯的办公场所并不短缺。金融机构会倾向于选择伊本数码城（Ebene cyber city），这是一个拥有最先进通信设施的商业园区。

无装修办公室的指导性价格为每月每平方米10～14美元。租金费用不包括可能适用的增值税或服务费。巴加泰勒（Bagatelle）购物中心写字楼租赁价格为每平方英尺100卢比。[①]

部分出租房屋被用作办公场地，其价格较低廉，即每平方英尺25卢比，而一般办公场所的价格在50至150卢比之间。

服务式办公室是现成的、设施齐全的办公场地，地处商务中心。租用服务式办

[①] 来源：Express 房地产。

公室不需资本支出。

虚拟办公室不提供物理空间的场地，但为企业提供公司业务地址、邮件处理和临时秘书等服务。一间普通的虚拟办公室是没有开支和管理费用的。虚拟办公室租赁套餐因地址和提供的服务范围不同而有所差异。

确定办公地点有以下途径。

①聘请房地产经纪人；

②在分类广告和网络上寻找适用地点；

③查阅当地报纸广告或者物业清单。

2. 商业租赁

商业租赁是指以经营为目的的财产租赁。商业地产包括办公楼、商场、购物中心和仓库。如果商业租赁期限超过20年，外国公民必须获得经济发展局的批准。

3. 工业租赁

政府将国有土地的工业租赁权授予私人企业，用于下列建设：

- 单层综合设施建设
- 办公室/商业综合设施的建设
- 工业建筑的建设
- 酒店发展

如果企业从事制造业、物流业或仓储业，则需要一个拥有大量人力的工业厂区。

毛里求斯国土有限公司（Landscope Ltd.）拥有13个工业园区，分布在岛上的各个战略位置。这些工业建筑可供出租的面积分别为1000平方米、2500平方米和5000平方米，设施齐全。

罗奇博伊斯（Roche Bois）、马格宁平原（Plaine Magnien）和切贝尔（Chebel）科技园区向创业者提供公寓。在前3年租期中，租金享受大幅度优惠。

瑞河泰瑞（Riche Terre）商贸产业园适合制造业、食品加工、工业服务、物流、仓储、办公服务和商业活动的开展。

7.9.2 建设用地租赁

有意建造工厂的企业可以长期租赁工业用地，并以非常优惠的利率从国家土地开发公司获得贷款，为项目融资。

注意：如果企业想要建造商用建筑或对现有的商用建筑进行改造，企业应该申请建筑和土地使用许可证。（参见7.6.1节内容）。

7.9.3 购买营业场所

购买营业场所可以由个人或公司、合作企业或信托机构完成。非毛里求斯公民经总理办公室批准和经济发展局授权后，可购置不动产或建筑物的一部分用于商业目的。

"商业目的"是指非毛里求斯公民为下列目的的取得或持有财产：

（1）开发高活性商业用途建筑，包括但不限于购物中心、办公楼或仓库，供自用、出售、出租或租赁。

（2）根据房地产开发计划及智慧城市计划发展住宅物业。

（3）为获得报酬、收益或利润而进行的其他活动，但不包括：

①收购任何裸地或已提供服务设施的土地，用于转售或出租；

②购置不动产，如公寓、阁楼、别墅、单元房、物业单位或类似物业，作为住宅使用或待用。根据房地产开发计划、智慧城市计划或酒店投资计划而发展的不动产除外。

7.10 资金业务

资金是企业的重要组成部分。无论是合伙企业还是独资公司，创业时都必须在大型银行开设商业账户，并拥有注册的本地地址。

7.10.1 开立公司银行账户

开设一个全外币的银行账户非常容易，只需出示所需相关文件，并向银行提供所需信息，毛里求斯公民或非公民都可以办理。但是，因主体和账户的类型不同，开户的手续和要求的文件也不尽相同。对于在毛里求斯开展业务的外国人，了解某银行是否在其原住国设有分行（以进行交易）十分重要，这样付款或转账可以不受外汇限制。

注意：根据《金融情报和反洗钱法》，在毛里求斯开展超过50万卢比的现金交易必须确保其合法性。

7.10.2 融资

毛里求斯积极促进金融资源的自由流动。其具有资产折现能力满足经济发展的资金需求。信贷是按市场条件分配的，外国投资者可以在本地市场获得信贷和外币。

毛里求斯有两种融资方式，即享有所有权的股票和涉及偿还的债务借款。

7.10.3 资金来源

1.银行

毛里求斯的银行系统监管完善，办事高效，由19家银行组成。它们由毛里求斯银行授权，在国内外开展银行业务。

商业银行是首选的资金来源。除了传统的银行设施外，它们还提供银行卡支付服务、网上银行和电话银行服务。一些银行提供基金管理、保管、托管、投资银行、金库和专业金融等服务。

其中，两家银行为企业和私人客户提供全球私人银行服务，一家银行根据伊斯兰教法开展伊斯兰银行业务。

商业银行贷款和垫款的利率可能会有所不同，这取决于商业银行的贷款政策和公司提供的抵押品的性质。

毛里求斯开发银行（Development Bank of Mauritius, DBM）是一家专业的金融机构，旨在促进毛里求斯的工业、农业和经济发展。它制定了鼓励中小企业的贷款计划。此外，它还为不同规模的经济子部门提供各种量身定制的融资方案。以上计划提供的贷款期限灵活，利率优惠。

2. 毛里求斯证券交易所

详见5.4节。

3. 非银行金融机构

非银行金融机构包括保险公司、养老基金、单位信托、共同基金、风险投资公司和租赁公司，均向企业提供财政援助和借贷服务。国家投资公司是毛里求斯的官方投资机构，为关键的经济项目提供资金，并参与重要或新兴部门的资本密集型项目。毛里求斯租赁有限公司为购买厂房和设备提供融资。

7.10.4 财政计划

毛里求斯制订了一份全面的激励和发展计划，用以吸引投资和协助投资者拓展业务。以下是部分重点计划。

- 国际公平补助计划/中小企业伙伴关系基金
- 创新资助计划
- 毛里求斯业务增长计划
- 租赁设备现代化计划
- 法国开发署绿色贷款计划
- 毛里求斯开发银行计划
- 农业部门常规计划
- 电影退税计划
- 农业专项贷款计划
- 毛里求斯银行中小企业融资计划（3%用于个人和实体，6%用于除贸易服务、房地产和专业服务以外的所有其他业务）

- 中小企业伙伴关系计划
- 中小企业资助计划：中小企业出口营销基金/中小企业贷款担保计划、中小企业发展基金

若需查询具体的财政措施及拨款，可联系经济发展局。

7.10.5 毛里求斯信贷信息局（Mauritius Credit Information Bureau, MCIB）

毛里求斯信贷信息局成立于2005年，负责收集、储存及向主要机构提供有关客户信贷风险的资料。所有机构在批准、增加或为客户的信贷续期前，必须在毛里求斯信贷信息局进行必要的查询。毛里求斯银行和各银行机构已采取若干保障措施，防范信贷恶化的风险。

第8章
经营业务

招聘员工、跨壁垒交易、投保、遵守商业贸易惯例和纳税等决策的制定,是企业经营非常重要的组成部分。

8.1 劳动力

人力资源是企业最宝贵的资产之一。

雇用员工受法规约束。与雇主义务有关的具体问题应直接向劳工、劳资关系、就业和培训部提出。

劳工、劳资关系、就业和培训部是毛里求斯制定劳动法的权威机构。它专门设置了用于处理有关就业方面问题的部门,例如健康和安全、劳动法、雇用外国人、招聘机构的资质等。总部设在路易港,同时在全岛设有多个分部。

8.1.1 就业市场

1. 本地劳动力

受益于小学到中学阶段的免费教育和16岁以下的义务教育,毛里求斯的成人识字率超过90%。免费教育促使一批受过教育的劳动力出现,他们能讲多种语言,适应不同的企业文化;他们年轻化,其中29.2%的劳动人口年龄在30岁以下。每年的就业市场都有大批毕业生涌入,这些熟练的劳动力、毕业生和合格的专业人士可以满足大多数企业的需要。

2. 外籍劳动力

由于毛里求斯的劳动力不足,为满足行业的劳动力需求,特别是在制造业、信息和通信技术以及酒店业,毛里求斯别无选择,只能向更多的外国公民开放,让他们在毛里求斯投资、工作和生活。

有意在毛里求斯工作的外籍员工需要获得合适的工作和居留许可或专业人员就业许可。截至目前,毛里求斯在第二产业中雇用了约3.5万名外籍员工。

8.1.2 工资

1. 毛里求斯最低工资标准

全国最低工资标准适用于私营和公共部门的每一名工作者,包括移民工作者。截至2021年12月31日,应付给全职雇员的全国最低工资标准已修订如下:
- 非出口企业的雇员:10 075 卢比
- 出口企业的雇员:9375 卢比

2. 可转移退休金基金

可转移退休金基金是根据《劳动者权利法(2019)》设立的基金,旨在提供以下方式的退休金支付。
- 劳动者退休后,向其支付退休金;
- 劳动者去世后,将退休金支付给其法定继承人;
- 有退休金缴纳记录的自主经营者退休后,向其支付退休金;
- 有退休金缴纳记录的自主经营者去世后,将退休金支付给其法定继承人。

3. 社会保险金

社会保险金适用于基本工资。雇主有责任从雇员的工资或薪金中扣除适用的社会保险金,并将该金额与雇主的社会保险金一起支付给税务局(表8-1)。

表8-1 雇主和雇员社会保险金支付标准

部门	薪酬	雇主	雇员
私营部门	低于5万卢比	3%	1.5%
	高于5万卢比	6%	3%
公共部门	低于5万卢比	4.5%	不需要支付
	高于5万卢比	9%	不需要支付
	高于5万卢比	9%	不需要支付

自营职业者,包括非公民中的专业人员,也需要在税务局登记,并按月缴纳社会保险金(表8-2)。

表8-2 月应付社会保险金费用标准

月净收入	月应付社会保险金费用
低于1万卢比	150卢比
高于1万卢比	90%净收入的1.5%
高于5万卢比	90%净收入的3%

4.企业社会责任

所有盈利的公司每年都需要设立企业社会责任基金，金额相当于前一财政年度的应税收入的2%，汇给税务局。

注意：于2019年1月1日及之后设立的企业社会责任基金，应汇入的金额已提高至75%。

5.国家储蓄基金缴款

员工和雇主的缴纳比例分别为1%和2.5%。

6.人力资源发展培训税

该项目旨在培养人力资源技能。从1989年2月开始，雇主需要按每个员工的基本工资或薪水（不包括加班费、奖金和津贴）1%的支付。从2009年2月起，这一比例为1.5%。

8.1.3 雇佣法

《工人权利法（2019）》取代之前的《就业权利法（2008）》。这项立法的主要变化总结如下：

（1）工人的定义。

①《工人权利法（2019）》确定工人的工资门槛从每年36万卢比（相当于9400美元）提高到60万卢比（相当于15 700美元）。工人是指月基本工资不超过5万卢比（相当于1300美元）的雇员。

②除非法案另有规定，否则该法案的规定不适用于收入超过该阈值的员工。

③该法案适用于所有员工，不论基本工资如何，包括年终奖金、产假和陪产假、陪审员假、协议终止和裁减劳动力、工作福利计划基金和可转移退休基金。

（2）定期合同。

如果雇佣的工人（移民工人除外）从事长期性工作，《工人权利法（2019）》禁止使用定期合同，除非该职位属于下列法案规定的例外情况。

①执行和完成临时性和非重复性的特定工作；

②所有临时性、季节性或短期性的工作或活动，或通常与项目相关且与产品市场变化一致的短期工作安排；

③替换另一个休假或暂停工作的工人；

④为员工提供培训；

⑤特定培训合同；

⑥根据政府或法定机构制定的特定工作或培训计划，期限确定。

（3）年终奖。

以前，工人根据收入获得年终奖（《就业权利法（2008）》），而雇员的年终奖基于基本工资而定。

根据《工人权利法（2019）》，现在所有员工都有权获得年工资的1/12作为年终奖。员工符合下列条件也有权享有年终奖。

①雇佣关系满一年时终止；

②雇员在连续受雇至少8个月之时或之后辞职。

（4）和解协议。

若雇佣双方对终止雇佣关系有争议，在签署和解协议之前，工人必须咨询独立顾问。

雇主若未能向工人提供咨询独立顾问的机会，会导致和解协议无效。

（5）工资保障基金。

工资保障基金用于支付因雇主无力偿债而未收到劳动报酬的工人，最高金额为5万卢比（相当于1300美元）。

（6）请假。

《工人权利法（2019）》引入了假日休假、特别休假、陪审员假和参加国际体育赛事休假的概念。

（7）升职。

该法案规定，如果出现更高级别职位的空缺，雇主必须从资格、业绩和资历方面考虑来晋升人员。

此外，职位空缺的通知应张贴在显眼的地方，工人至少可以在晋升或选拔5天前看到。

（8）纪律听证会。

现在，雇主必须应雇员的要求，在举行纪律听证会之前，向雇员提供与指控有关的一切资料或文件，包括听证会会议记录副本。法案并没有强制要求由一名独立主席主持纪律听证会，然而，为了避免雇员权利受到损害，使听证会公正，仍需一名独立公正的主席主持听证会。

（9）裁员。

裁员过程已经历了一次改革。它适用于雇佣了不少于15名员工或公司营业额至少为2500万卢比（相当于65万美元）的雇主。

《工人权利法（2019）》规定雇主有通知雇员的义务，包括在裁员前雇主要与工会代表协商，寻求解决方案或协议。若未能达成一致，双方都有权向裁员委员会寻求帮助。

（10）可转移退休基金。

其目的是授权承认雇员的工作总时长，不管雇员曾为多少雇主工作。

它不适用于拥有私人养老金计划并支付养老金的雇主、每月基本工资超过20万卢比（约5200美元）的雇员以及50岁以上的雇员。

（11）《工人权利法（2019）》还要求立即实施以下规定。

①雇主必须确保每月收入在3万卢比（相当于790美元）和5万卢比（相当于1300美元）之间的工人享受该法案提供的保护，包括退还未休的年假；

②所有员工的法定年终奖必须在12月支付。

8.1.4 员工培训与技能培养

企业重视技术工人的培养。因此，毛里求斯十分重视各级教育和职业培训，以获得人力资源。

毛里求斯的目标是通过适当的培训方案消除劳动力技能不足的问题。

1. 培训方案

政府出台多项培训计划鼓励雇主培训当地人才，形成重视培训和终身学习的风气。

雇主须向人力资源开发委员会支付占雇员基本工资总额1%的培训税。

这项措施旨在激励雇主为雇员提供培训。根据这项计划，每月缴纳培训税的雇主，无论税率如何，都可以收回高达75%的培训费用。

补助金资格

- 只有每月缴纳税款的雇主才有资格获得补助。
- 只有事先获得毛里求斯资质管理局/高等教育委员会（Mauritius Qualifications Authority/Tertiary Education Commission, MQA/TEC）批准的培训课程和计划才有资格获得补助。培训必须与工作相关，使员工获得新技能。

由于人力资源开发委员会的目标是提高当地劳动力水平，因此补助金仅限于毛里求斯公民或毛里求斯的永久居民。

2. 毕业生就业培训计划

这项计划旨在通过定制课程和就业培训，提高未就业毕业生的就业能力。课程由雇主提供，费用由政府资助，最高不超过8万卢比。培训期间，参加培训的毕业生每月可获得3000卢比的津贴。

3. 青年就业计划

该计划面对16～30岁的人员，目的是让他们获得为期一年的工作/就业培训，并可能在工作表现良好时获得长期就业机会。该计划在一年培训期间以助学津贴形式发放补助。

注册的雇主既可以直接招聘，也可以使用技能工作组计划数据库选择符合其要求的年轻人。该数据库使年轻人有机会选择他们感兴趣的领域。

技能工作组计划返还50%的月度青年津贴，非学位持有人（包括文凭持有人）

每人最多可领取4000卢比。对于持有高等教育委员会认可的高等教育机构颁授的学位，或持有同等海外学历的个人，每月最多可领取7500卢比。

4. 其他计划

- 国家技能发展计划为电影产业等提供课程和培训
- 重返工作计划
- 工程师实习计划

5. 激励机制

- 由国家计算机委员会推出的"数字青年参与计划"提供入门课程。
- 升级毛里求斯培训与发展研究机构培训中心、杜瓦尔爵士（Sir Gaëtan Duval）旅馆学校、拉姆帕萨德爵士（Sir Rampersad）培训中心，并为理工专科学院的运营提供资金，以鼓励开办更多的旅游培训。
- 由时装设计学院提供培训，解决技能不匹配问题。
- 计划设立一家新的海事训练所。

8.2 进出口业务

毛里求斯有自由的经济贸易政策和优惠的贸易法规。

作为世界贸易组织成员和《关税及贸易总协定》的签署国，毛里求斯已成为成功的国际贸易基地。此外，毛里求斯在战略上位于印度洋，处于非洲、亚洲和澳大利亚之间的中间地带，它拥有所有吸引商贸的因素，如稳固的银行和金融体系、稳定的社会环境、友好的进出口贸易程序以及良好透明的贸易法规。此外，其发达便利的公路系统可随时接入港口城市和机场。

毛里求斯与主要经济体之间签订了一系列协议，使企业能够从优惠准入、关税减让和快速进入市场中获益。

市场准入通过以下方式得到加强：

（1）多边贸易协定，如世界贸易组织、普惠制、普惠制计划。

（2）区域贸易协定，如东南非共同市场、南共体、印度洋委员会、环印度洋区域合作联盟、普惠制、《非洲增长与机遇法案》（该法案有效期已延长至2025年），以及《贸易和投资框架协议》。

（3）与巴基斯坦、土耳其、埃及、马达加斯加、津巴布韦、匈牙利和中非共和国签署的双边贸易协定。这些协定旨在消除贸易障碍，包括逐步减少非关税壁垒等。《全面经济合作伙伴关系协定》（Comprehensive Economic Cooperation Partnership Agreement, CECPA），是2005年开始的一项与印度的贸易关系协定。印度是毛里求斯主要的经济贸易和投资伙伴，双方的谈判仍在进行中。

此外，毛里求斯还签署了各种投资担保协议，为毛里求斯公司在其他国家的投资提供非商业风险保护。

8.2.1 开展进出口业务

企业必须达到以下条件方可开展进出口业务。

（1）在公司和企业注册局登记业务，并办理企业注册卡。

（2）向海关登记，以获得进出口货物的许可。注册可以通过电子方式进行。所有进出口货物的报关单（进口货单）必须由获批准的经纪人以电子方式提交。

（3）年营业额超过200万卢比的公司须向毛里求斯税务局登记注册。

8.2.2 进口

传统上，毛里求斯进口多于出口。根据已知数据，2016年进口数额超过20亿美元。毛里求斯的经济是开放的，进口不受配额限制，但必须申报。毛里求斯的主要贸易伙伴是欧盟、印度和美国。

毛里求斯从印度、中国、法国和南非进口制成品、资本货物、食品、石油和化工产品。进口货物要征收关税，税率从到岸价的0到15%不等。

毛里求斯进口和供应的货物，除某些特殊情况外，按15%的税率征收增值税，产品出口时可退还。对进口加工后再出口的货物，按规定征收临时进口费。

出于健康、安全、环保的需要以及由于国家利益而进口某些产品，须持有进口许可证。进口许可证的最低有效期为12个月。进口许可证应通过贸易网（http://trademns.mu）进行在线申请。贸易网是唯一允许提交进口许可证申请的平台。进口许可证的签发或拒绝，依不同情况而定，时间不得迟于收到申请之日起的5个工作日。

8.2.3 出口

毛里求斯的主要出口产品包括糖、茶、咖啡、纺织品和针织品、烟草、切割/未切割钻石以及电器和零件。毛里求斯允许出口所有产品，但重要战略性产品或其市场准入受到配额限制的商品除外。一些受管制的商品在出口之前需要获得出口许可证。两个主要出口点为机场和港口。

部分出口商品受《消费者保护（出口管制）条例》的管制。出口纺织品及样品至美国及加拿大无须申领出口许可证。但是，样品只能用于分析或营销，样品价值不能超过250美元。

出口许可证的申请应通过贸易网在线办理。出口许可证的签发或拒绝，依不同情况而定，时间不得迟于收到申请之日起的5个工作日。

注意：可以保留货运代理或报关行的服务，以方便货物出口。

8.2.4 业务支持

- 毛里求斯港务局监管港口活动。
- 毛里求斯机场有限公司经营、开发和管理西沃萨古尔·拉姆古兰爵士国际机场。
- 货物装卸有限公司（国有私营公司）负责港口装卸业务，如货物的装卸、交付和接收。
- 贸易障碍预警部门允许进出口贸易商向有关部门报告其面临的阻碍，促使决策者解决困难。
- 国家唯一指定平台（毛里求斯贸易链接）作为在线门户网站，用于提交和处理进出口许可证，并从政府相关机构获得批准。

8.3 企业保险

企业保险是企业经营活动的一个重要方面，是控制企业经营风险的一种方式。保险是一种工具，可以在不可预见的情况下保护资产和减少损失。

无论是小企业还是大公司，企业保险都提供飓风、火灾、业务中断、机器故障、盗窃和公共责任的保险。

8.3.1 保险业

毛里求斯保险业是国际保险监管协会和南共体保险、证券和非银行金融机构委员会的成员。它由金融服务委员会监管。

2017年，国际保险监管协会对毛里求斯金融服务委员会在信息交流和监管合作方面的表现评定为"基本遵守"。

保险业仍然很有前景，年平均增长率超过5%。截至2016年12月，毛里求斯约有7家长期持有许可证的保险公司和15家一般商业保险公司、188家保险代理（公司）和37名保险经纪人[①]。

2016年，该行业对国内生产总值的贡献率为3.1%。

保险业务主要由私企经营，分为长期保险（人寿保险、退休金和永久健康保险）、一般保险业务（包括火灾、机动车、人身意外和交通）和外部保险业务（包括专属保险）。现有两家再保险公司在毛里求斯当地注册了承保业务。

8.3.2 分销渠道

客户可以向保险公司或保险代理人购买保险，也可以通过保险经纪人购买。保

---

① 数据来源：2017年金融服务委员会年报。

险经纪人是代表公司客户购买保险的独立业务人员。截至2016年12月，共有37名持牌保险经纪人。

8.3.3 监管框架

因拥有现代化的管理理念和庞大的精算、保险和经纪专家队伍，毛里求斯已做好为当地和区域市场服务的准备。金融服务委员会的职责是通过立法，如《保险（修订）法案（2015）》和《专属自保保险法（2015）》，对商业保险的行为进行许可、规范、监督和管制。

8.3.4 许可证

经营保险业务，必须持有金融服务委员会颁发的许可证。所有获发许可证的保险公司，均须遵守相同的流程，受到相同的监管。鉴于保险业务的特殊性，《保险法》对保险公司的许可证要求有单独的规定。

8.3.5 产业支持系统

保险公司依赖广泛的支持系统，包括以下协会。

1. 保险公司协会

成立于1973年，其主要目标是团结保险公司，促使所有利益相关者对保险有更深入的了解，并促使保险公司之间的纠纷得到迅速解决。

2. 毛里求斯保险协会

毛里求斯保险协会成立于1994年，旨在鼓励和促进保险教育和保险知识水平的提高，并保证其550名会员的利益。该机构隶属于英国特许保险协会，负责监督该协会在毛里求斯的资格考试。

3. 保险经纪人协会

该组织将保险经纪人分组，分别代表潜在投保人或已投保人，与保险公司进行业务往来。

8.4 企业经营行为

良好的经营是企业成功的基本要素。企业应了解商业法规，确保对消费者权益的公平保护，并建立统一的国家标准。

企业尤其要避免以下行为。

- 提供有故障或有缺陷的商品。
- 以高于标价的价格出售商品。

- 拒绝按照约定出售陈列或待售的商品。
- 囤积货物。
- 误导或迷惑消费者。

8.4.1 公平交易

不公平的商业行为违背了良好和公平的交易。

- 《公平交易法（1979）》能够更好地规范消费者的行为，确保在毛里求斯进行公平交易。
- 《消费者保护法案》确保交易公平，防止误导或迷惑消费者的行为。
- 《竞争法》禁止滥用合谋协议，包括横向协议和串谋投标。它也禁止有关转售价格控制和垄断的垂直协议。毛里求斯竞争委员会是独立的公共机构，负责调查交易情况。如果它认为发生了限制性行为，将采取行动予以补救。在合谋协议的情况下，该委员会还有权对相关企业征收罚款。

如果合并交易导致超过30%的市场份额由一个实体或集团控制，或者毛里求斯竞争委员会有合理理由相信该合并将导致市场内的竞争实质性减少，则合并会受到委员会的审查。

8.4.2 产品安全

商家向消费者提供商品，商品的进口商、制造商、分销商和零售商要保证商品安全。适用的法律列举如下：

- 《消费者保护法案（1991）》规定了有关商品安全和质量的一般标准。
- 《食品法案（1998）》确保所有食品符合安全和卫生最高标准，并符合良好经营守则。
- 《药剂法》控制药品安全。
- 《化肥控制法》规定化肥必须与食品分开储存和称量。
- 《烟草生产和销售条例（1945）》规定烟草的等级和水分含量。
- 《玩具（安全）条例（1994）》确保每个玩具使用者以及第三方免受健康危害和人身伤害。

8.4.3 产品质量

所有企业的产品都需要达到产品质量标准。毛里求斯标准局、毛里求斯认证局和毛里求斯资格认证局是检查产品质量是否符合国际标准和资格的相关机构。

8.4.4 定价

商家有责任清楚、准确地展示商品的价格，不误导消费者。标签应当贴在商品的显著位置,注明商品的销售价格和商品是否为零税率。零税率即增值税的数额为零,其他情况则含增值税。

注意:《消费者保护价格和供应控制法(1998)》保护消费者,监管特定商品的价格和加价。

8.4.5 质量担保

企业可以向消费者提供以下不同类型的质量担保。

- 《商家担保条例(1981)》规定,凡向消费者出售商品的商家,均应被视为已提供该商品适销性的保证。
- 对于电子器材和家用电器,每名经销商应尽可能提供该商品的资料,而所有保证条款应在销售时以书面形式列明。
- 根据《食品法案(1998)》,除非提供书面保证或其他书面声明,表明该食品符合该法案或依据该法案制定的规则,否则任何制造商、分销商或经销商不得销售该食品。
- 根据《汽车(贸易实务)条例(1989)》,每名经销商须确保在销售汽车时,消费者可获得该汽车型号的制造商手册及制造商保证条款。
- 根据《分期付款购买和信用销售法案(1994)》,在分期付款或信用销售协议中,须有一项隐含的保证,即分期付款者对商品拥有不受干扰权,并在商品所有权转移时,不承担使第三方受益的费用或责任。并且,还有一项隐含的条件,即除了分期付款者对商品或其样品进行检验后发现的瑕疵外,商品应具有适销性。

8.4.6 消费信贷

- 《分期付款购买和信用销售法案(1994)》管理销售信用,并为消费者进行信用购买提供保护。
- 《银行法》规定任何金融机构必须披露信贷条款信息。
- 《借款人保护法》规定,贷款人提供信贷之前,应采取一切合理措施,核实借款人的贷款偿还能力。政府已委任一名借贷事务专员,负责听取意见,为还贷困难的借贷者提供解决方案。
- 《放贷人法》规定了借款的条件。任何由非持牌放贷人做出的放贷活动,均不得对借款人强制执行。

1. 消费信贷制度

毛里求斯信贷信息局成立于2005年,负责收集、存储和向主要机构提供客户信用风险的材料。所有机构必须在批准增加或更新客户信贷额度之前,向毛里求斯信贷信息局进行必要的查询。

2. 消费者保护协会

该协会包括毛里求斯消费者协会、消费者视力协会、消费者保护协会以及环境与消费者保护协会。

8.4.7 广告

法律要求广告真实，不得有任何虚假或误导性陈述。《药剂与毒药法》限制了某些商品的广告制作。

毛里求斯大约有200家广告公司。通信机构协会占70%的市场份额。广告公司通常从媒体预订中获得20%的佣金。

8.4.8 电子商务

所有为消费者设计的电子商务活动都必须遵守消费者保护条例。电子商务交易涉及远程销售和广告立法，以及合同管理一般条款和条件、电子签名、个人数据保护、知识产权和工业产权的法规。

电子商务受《电子交易法》（开发电子商务新途径）、《信息和通信技术法（2001）》、《计算机滥用和网络犯罪法（2003）》和《数据保护法（2017）》管制。

《数据保护法（2017）》是根据当前国际标准，特别是欧盟的一般数据保护条例而制定的法律，加强数据主体对个人数据的控制和自主权，以简化数字业务的监管环境，促进个人数据在国内外管辖区之间的安全传输。

1. 注册

控制器和处理器必须在数据保护办公室登记注册。若专员认为申请符合注册标准（视情况而定），可以成为控制器或处理器，可批准该申请，并颁发注册证书。注册有效期不超过3年，期满后必须续期。

2. 上诉

任何人若因专员根据该法做出的决定而受损害，可在获悉该决定之日起21天内，向信息和通信法庭提出上诉。

3. 个人数据泄露

指违反安全规定，导致个人数据受到意外或非法破坏、丢失、更改、未经授权被披露或访问、传输、存储或以其他方式进行处理的行为。

8.5 税收

毛里求斯是世界上税收最低的国家之一。其所得税制度受《所得税法》及相关法规制约。税务局是监管机构。个人和常驻公司实行自我纳税评估制度。纳税年度为7月1日至次年6月30日。为纳税方便，收入按上个年度计算。

8.5.1 个人所得税

个人所得税是以居住概念为基础的个人所缴税款。

1. 毛里求斯居民

在毛里求斯境内，个人以一个收入年度或总计183天或以上，或前两个收入年度合计270天或以上，按15%的固定税率缴纳所得税。

应计收入=总收入（工资、报酬、年金、养老金、财产收入、外国股息、版税利息）-可扣除额（收入支出、损失、坏账和年度津贴的支出）和收入税起征点。

截至2023年6月30日，税务年度的个人所得税起征点如下：

A类 无抚养人的个人：32.5万卢比

B类 有一个抚养人的个人：43.5万卢比

C类 有两个抚养人的个人：51.5万卢比

D类 有三个抚养人的个人：60万卢比

E类 有四个或更多抚养人的个人：68万卢比

F类 无抚养人的退休人员/残疾人士：37.5万卢比

注意：退休人员/残疾人士在A类和B类中可额外提高5万卢比。

（1）低收入所得税补贴。

低收入所得税补贴为每月薪酬不超过9900卢比的低收入人士提供每月高达1000卢比的财政补助。

（2）纳税申报表。

年度所得税申报表必须在税务年度结束后的9月30日前填写。

①现收现付：根据现收现付规定，雇员的个人所得税每月由雇主支付，雇主通常从支付给雇员的工资中扣除所需的税款，并将金额汇至毛里求斯税务局。

②当前支付系统：适用于从贸易、所从事行业和租金中获得收入的个人。个体经营者须按季提交个人所得税申报表。

2. 非毛里求斯居民

就税务而言，非毛里求斯居民是指在毛里求斯一个税务年度停留少于183天或连续2个税务年度停留少于270天的外国人。该非毛里求斯居民应为其在毛里求斯取得的所有收入缴税。

8.5.2 公司税

税收是对公司、信托机构、团体和合伙企业在税务年度会计期内的利润征税。公司税类型和税率如表8-3所示。

表8-3 公司税类型及税率

公司税类型	税率
企业利润税	标题利率为15%；各种免税和奖励措施降低了实际税率
全球最低税	15%的国内最低补足税，适用于常驻毛里求斯的公司（全球年收入超过7.5亿欧元的跨国企业集团成员）
从事货物出口的公司	出口应征税收入的税率为3%
公司资本利得税全部或部分为本地市场制造商品的自由港经营人或私人自由港发展商	应征税收入的税率为3%，但必须满足有关规定条件
从事医疗、生物技术和制药部门的公司 在毛里求斯设立的私立大学	税率为3%
公司资本利得税	0%
国内公司分配给股东的股息税	0%

1. 税基

纳税义务取决于公司是否位于毛里求斯。纳税者分为税务居民与非税务居民公司。

（1）非税务居民公司。

自2019年7月1日起，在毛里求斯注册成立但在境外集中管理和控制的公司被视为非税务居民。然而，有条约规定，对任何来源于毛里求斯的收入都应征税。

年度申报义务适用于毛里求斯境内的非税务居民公司，方式与居民公司相同。年度申报表必须在会计期结束后6个月内提交，若非税务居民公司没有从毛里求斯获得任何收入，可以零申报。

授权公司由多数非毛里求斯公民的股东控制，其活动主要在毛里求斯境外进行，其有效管理地点也在毛里求斯境外。在毛里求斯，持有授权公司执照的公司被视为非税务居民，不符合双重税收协定规定的减免条件。

（2）税务居民公司。

税务居民公司是指公司在毛里求斯注册成立或在毛里求斯进行集中管理和控制。税务居民公司应按全球收入应缴部分的15%征税。

在毛里求斯经营业务并在毛里求斯拥有营业场所的外国公司应缴纳来源于毛里求斯境内的营收所得税。

2. 部分豁免制度

持有全球商业执照的公司按15%的正常税率征税，但有资格享受部分免税制度，以下收入来源可免80%所得税。

①外国股息,以来源国不允许税收减免的金额为准;

②利息收入;

③归属于税务居民公司在国外常设机构的利润;

④点对点借贷平台贷款利息;

⑤集体投资计划、封闭式基金、集体投资计划经理、集体投资计划管理人员、投资顾问或经金融服务委员会许可或批准的资产管理人取得的所有收入;

⑥船舶、飞机、火车(含铁路)公司取得的全部收入;

⑦公司再保险、协调再保险所得收入;

⑧公司出租、提供国际光纤服务所得收入;

⑨公司从销售、融资、飞机及其零部件资产管理以及相关航空咨询服务所得收入。

必须严格符合规定的条件才可获得80%的税收豁免资格。不允许对源自国外的收入实施外国税收抵免。

3. 股息税

毛里求斯税务居民公司支付的股息免税。外国股息是应缴税的,但可能会抵免直接税和预扣税。

向个人、公司或继承人支付股息超过10万卢比的税务居民公司,必须在每年8月15日前以电子方式提交年度申报表,且必须披露以下信息:每位股东的姓名、身份证/识别号码以及支付的股息金额。

4. 纳税申报

(1)年度纳税申报。

公司必须在会计年度结束后的6个月内提交年度纳税申报表。公司会计年度于6月30日终止,应纳税申报日为12月底前2个工作日,不包括星期六和公共假日。

公司可以向毛里求斯税务局提交电子申报表/结算单。

(2)预付系统申报。

除年度申报表外,公司亦须通过预付系统提交季度报表,并根据该报表纳税。该系统适用于上一会计年度总收入超过1000万卢比的公司。

(3)现收现付申报。

所有公司必须以电子方式提交现收现付申报表并进行在线支付。通过该系统,雇主可以代扣个人所得税,并代表其雇员将税款汇入毛里求斯税务局。

除了每月的现收现付申报表外,雇主必须在每年8月15日前完成以下事项。

• 按规定向每位雇员提供薪酬单和扣税表;

• 向毛里求斯税务局总干事提交员工报税表。

5. 亏损

公司可以结转未缓解的税项亏损,并用后面5个纳税年度取得的净收入将其抵消。2006年7月1日及之后发生的资本支出年度免税额产生的亏损除外,该类亏损可无限期结转。

8.5.3 其他税费

1. 博彩税

这项税费对私人彩票和博彩征收。

2. 关税

毛里求斯的进口商品需缴纳关税。适用的税率是海关依据《关税法案》在确认报关单生效时采用的税率。

根据《关税法案》,某些行业、组织和个人可获部分税收豁免和优惠。

3. 环境保护费

环境保护费向下列商家征收费用。

- 指定的经营机构,如酒店、超过4间客房的宾馆或民宿,从事碎石、混凝土骨料、混凝土砌块、预制件、珊瑚砂、岩砂和玄武岩砂的制造或加工以及涉及移动电话、充气轮胎和汽车电池制造、组装或进口的场所;
- 根据《环境保护法案》的规定,提供如手机、汽车电池和充气轮胎等国内消费品的进口商。

公司必须自经营开始之日起14日内缴纳环境保护费。

环境保护费按照每月具体的周转率支付,并于次月20日前支付。酒店或宾馆的环保费为每月营业额的0.85%。

4. 消费税

对某些进口商品,如白酒、车辆和石油产品,应按规定税率征收消费税。对某些特殊的消费品,不论是否供家庭使用,亦须按规定税率征税。消费税包括环境税或绿色税。

5. 印花税

注册、转录、归档或删除档案时,对每份文件征收印花税。印花税从25卢比到1000卢比不等。

6. 15%的增值税

对商品和服务征收增值税。无论进口商是否为纳税人,对进口货物均征收增值税。

以下情况必须进行增值税登记:

- 年纳税营业额超过600万卢比的公司;

- 从事自由职业（包括会计师、律师、建筑师、工程师等，无最低离职门槛等）的个人；
- 进口二手汽车的代理商；
- 根据《消费税法案》从事酒类和酒类产品（批发）的经销商；
- 不论纳税营业额如何，所有持有银行执照向居民开展业务的公司，但不包括持有全球商业执照的公司；
- 不论纳税营业额如何，所有持有经营执照向居民提供服务的公司，但不包括持有全球商业执照的公司；
- 不论纳税营业额如何，所有提供非银行信用卡服务，并为使用该信用卡进行支付的商家提供货物或服务的公司；
- 企业为逃避登记而分拆的，应当强制办理增值税登记。

7. 增值税退税计划

该计划向非增值税注册人退还增值税。《增值税法案》附表12规定了对非注册人的何种设备和服务退还增值税，包括：

- 种植者和种植者使用的附加设备；
- 建造住宅楼、房屋或购置公寓，并符合标准；
- 在经济发展局注册的活动组织者，组织符合条件的活动（如商务会议、大型会议和婚礼），支付至少有100名外国与会者且至少住宿3晚的住宿费用。

8.6 财产税

税收因素始终是财产交易背后的一个主要因素。任何不动产的交易都必须办理公证书。

8.6.1 登记税

登记税由买方支付，费用为不动产价值的5%。

登记税的豁免（非详尽清单）

- 任何从被继承人到继承人的转让。
- 继承人将获得的法定共有财产转让给被继承人，或转让给被继承人及其配偶。
- 最高价值不超过200万卢比的担保住房贷款。
- 首次在毛里求斯购买价值200万卢比的住宅用地，且面积不超过20平方杆。
- 毛里求斯公民于2016年9月1日—2020年6月30日期间购买的不超过600万卢比的新建房屋或公寓。这类豁免不包括法国海外省五十步沿海地理区域（Pas Geometriques）或房地产开发计划、智慧城市计划和酒店投资计划中的地产。

- 出于商业目的并用于建造仓库的土地转让。
- 夫妻一方转让给另一方的双方共同财产中的不动产。
- 在有效期至2020年的住房建设计划范围之内、经毛里求斯税务局登记、包括至少5个住宅单元且不超过600万卢比的项目。
- 为创办高科技制造业务而转让的不动产。

8.6.2 土地转让税

土地转让税由卖方支付，费用为不动产价值的5%。

1. 土地转让税的豁免（非详尽清单）

- 任何从被继承人到继承人的转让。
- 继承人将获得的法定共有财产转让给被继承人，或转让给被继承人及其配偶。
- 出于商业目的、用于建造仓库的土地转让。
- 由雇主向员工免费转让的社会住房。
- 为创办高科技制造业务而转让的不动产。
- 酒店投资计划内国有不动产租赁权的首次转让。

2. 低估价值的处罚

任何财产的公开市场价值或评估审查委员会评估的财产价值，超过备案合同价格时，总登记官将有可能向买卖双方强制追回应缴税费，并实行罚款，罚款额度视公开市场价值与备案合同价格的差额而定：

（1）差额在备案合同价格的10%～50%之间的，罚款为备案合同价格的20%；

（2）差额超过备案合同价格50%的，罚款为备案合同价格的50%。

但本条款不适用于由继承人或其配偶向被继承人或其配偶或其兄弟姐妹及其配偶的转让。

注意：如果总登记官认为不遵守本法是由正当或合理的原因造成的，其可以放弃根据该法所施加的全部或部分处罚。

8.6.3 耕地变更税

任何农业用地的所有人，如果将该土地用于非农业用途，应按照产业化农业部在网上提供的规定格式提交书面申请，并缴纳耕地变更税。根据《制糖工业效率法》的规定，如果一片土地在申请生效日期前的10年内曾经处于耕种状态，则被视为农业用地。

以下情况可以获得耕地变更税的豁免。

- 建造技术和职业培训所用的建筑物。
- 制造活动。

- 可再生能源发电站。
- 经济发展局颁发的登记证书的持有人对高尔夫球场或其他旅游设施的建设或安装。
- 在2005年9月30日前拥有不超过1公顷的农业用地的土地拥有者。近22 400个小型种植园拥有不到1公顷的农业用地。

8.6.4 露营税

露营税的征收对象是露营地及其内部所有建筑、结构、部分，无论是平房还是公寓套房，税款由地主支付。扣除露营地税费后，按露营地市场价值的0.5%征收露营税。

露营地税对全部或部分海拔高达81.21米以上范围内并有入海通道的土地征收。税款由土地的承租人或拥有人支付。根据露营地的分区不同，每平方米征收2~6卢比不等的露营地税。

8.6.5 租赁税

根据《土地法（关税和税收）》，对国有土地租赁权转让契约的登记征收租赁税。对国有土地租赁权的出让方与受让方各收取该租赁权公开市场价值10%的税款。

注意：对于任何国有土地租赁权的转让，都必须经住房和土地司书面同意。

酒店投资计划内房屋单位转售时，国有土地租赁权的转让免税。

8.6.6 《印花税法》与《证明书与按揭法》规定的税费

对与股票、股份和不动产有关的商业和法律文件征收印花税。根据文档的类型和性质，税费为100~500卢比。

8.6.7 土地分割费

"土地分割"是指将一块土地分为两个或多个地块。

"删除土地"指的是由地方当局批准的一个地块，且这个被删除的地块或剩余的地块将在12个月内被进一步分割。不符合上述要求的，则须持有土地分割许可证。

土地分割许可证的申请，必须与初步环保报告或环境影响评估一起提交给住房与土地部的土地分割部门。

土地分割委员会必须在申请生效之日起的2周内向部长递交申请书及其建议。否则，将被视为默认授予申请。

根据被分割土地的范围收取1000~250 500卢比的经办费，住宅/商业/工业区按每平方米10卢比收取土地分割费，农业区域则按照每平方米5卢比收取土地分割费。

8.6.8 不动产登记

根据毛里求斯法律,财产买卖契约的起草应由公证员完成,公证员必须确认该房地产不存在任何留置权,并确认所有土地税、关税和公用事业费在买卖之前付讫。买方有权选择公证员。公证员提交已签名的登记证书和公证书。签署公证书后,买卖双方应缴纳登记税和土地转让税。

1. 产权公证费

产权出售价格低于等于25万卢比的部分收取2%的公证费,25万~50万卢比的部分收取1.5%公证费,50万~100万卢比的部分收取1%的公证费,剩余部分收取0.5%的公证费;

此外,公证费中还需缴纳15%的增值税和公证人收取的其他费用(不同公证员所收的其他费用不同)。

2. 公证员的权力

通过毛里求斯电子登记平台可以在2小时内完成买卖契约的公证。可以在线访问总登记官的登记处。

3. 公证员的职责

向总登记官提交一份契约摘要;自向总登记官登记买卖契约当日起的8天之内,必须签发一份被抵押契约的核证副本或经正式鉴定的副本,并将被抵押的契约存放在抵押物保管人处进行抵押。

第9章
机会行业

毛里求斯有若干正持续增长的优势行业，它们在促进经济发展上潜力十足。本节介绍其中主要的行业、投资机会和激励措施。

9.1 农产品加工业

农业作为国家消费、加工与贸易的产品以及原材料和成品的来源，仍然是毛里求斯经济的中心。该行业在国内生产总值中占3.3%，雇佣人数达4.1万人。

在6万公顷的农业用地中，20%以上用于甘蔗种植，其余则用于茶叶和粮食作物的种植。

该行业主要的生产活动仍然是甘蔗种植与制糖。制糖业也正变得越来越多元化，从制糖原料的出口到具有附加值的糖产品、精制糖和乙醇的生产，其中还包括通过燃烧甘蔗纤维残留物（即甘蔗渣）来发电。

粮食作物种植和家畜业也是农产品加工业的组成部分。其他非糖生产活动还包括花卉（红掌）的培育、热带水果（如芒果、菠萝）的生产、水果与蔬菜的加工和畜牧业。

9.1.1 商机

鉴于毛里求斯75%的粮食供应源于进口，农用工业存在绝佳的商机，包括以下领域：

- 水果和蔬菜的生产与加工
- 水果和蔬菜的有机种植
- 生物农业、乳制品农业、家禽养殖和养猪业
- 种子生产/夏威夷果
- 水培农业
- 动物饲料生产
- 清真食品加工

- 食品加工
- 园艺
- 养蜂（有免税政策）
- 农业技术
- 温室农耕

毛里求斯以国家名义开展了多个重点农业产业化项目，即以水稻、乳制品、科技为基础的农业项目以及制糖和精制糖项目。

为减少粮食进口，毛里求斯已开展区域伙伴关系倡议活动，发展农业项目。例如，正在莫桑比克开发23 500公顷农业用地，种植水稻、主要粮食作物和水果。

9.1.2 激励措施

- 农业机械和设备、小型播种和小型育种工具、备件、采后设备和材料的全额增值税退税。
- 免除所有合作社的非糖农业活动的企业税。
- 扩大小型种植园增值税退税计划中退税设备的范围。
- 扩大鲜花和外来蔬菜运费补贴的范围。
- 引进食品加工发展证书，以促进玉米进口。
- 设立水果种植商与出口商货运退费计划。
- 依照生物农业促进计划，颁发生物农业发展证书以鼓励生物食品的生产。该证书拥有者能够享受一系列的鼓励措施，如8年的免税期，以及对生物食品进口的各种税收和关税的豁免。
- 一项非糖类作物的共同保险计划。
- 政府已扩大了贸易与市场促进计划，为出口欧洲、日本、澳大利亚、加拿大和中东的农产品和农业产品提供40%的空运成本返还。
- 毛里求斯快速入市计划扩大到水果、花卉和蔬菜等领域。
- 协助农业部门企业的国际公平补助计划。
- 设立促进小额信用贷款计划。
- 设立农业部门普通计划。
- 设立农业部门特别贷款计划。
- 温室农耕计划

9.1.3 商业支持

- 农业销售委员会
- 农业研究与推广单位

- 产业化农业与食品安全部
- 农业生产与市场信息系统（为所有农业部门相关人士提供了有价值的信息）

9.2 建筑业

新冠疫情危机过后，建筑业在国家经济复苏中扮演了重要角色。

建筑业直接或间接雇佣的人数达12万，约占毛里求斯总雇佣人数的22%。

2021年，毛里求斯建筑业在国内生产总值中所占比例从第三季度的66.12亿卢比增长到了第四季度的73.38亿卢比。[①]

广义上，建筑业涵盖住宅与非住宅建筑建设、工业建设和基础设施及工程建设三个领域。

9.2.1 监督管理框架

1. 建筑业发展委员会（Construction Industry Development Board, CIDB）

建筑业发展委员会隶属国家基础设施和社区发展部，负责监管建筑业。

其主要职责除了促进与发展本土建筑行业，还包括向建筑工作者提供一个安全而健康的环境，并借助这样的环境为建设部门和工程建设的工作质量提供保障。其职责还包括为建筑与工程承包商和顾问以及建筑材料、工厂和设备供应商等提供登记注册服务，并审查承包商的等级评定。

2. 应《公共采购法案》成立的三所管理公共采购的机构

- 采购政策办公室，负责公共采购政策的制定；
- 中央采购委员会，负责审批公共机构的重大合同的授予；
- 独立审查委员会，负责审查有异议或不满的投标者的申请。

9.2.2 参与政府招标

国内外企业均可参与政府的招标。

公共机构发布的招标信息可以在电子采购网站上查看，以便于招标过程的电子化，而这个过程以往是通过人工手动完成的。欲了解更多信息，请访问公共采购办公室网站。

9.2.3 激励措施

- 免除与制药生产工厂、食品加工厂和仓库建设相关的建筑与土地的使用许可

---

① 数据来源：毛里求斯中央统计局。

费用。
- 通过数字化委托书为外国买家购买不动产提供便利。
- 将住房建设计划（the Construction of Housing Estate Scheme）和新建住宅收购计划（Newly Built Dwellings Scheme）延长两年，并将准入门槛从600万卢比提高到700万卢比。
- 政府合同中与建筑工程相关的增值税不从发票日期开始征收，而是从收款日期开始。

9.3 环境与可再生能源

《环境绩效指数（2020）》显示，毛里求斯环境绩效指数在撒哈拉以南国家中排名第1，在参与调查的180个国家中排名第82位。毛里求斯在空气质量和森林覆盖率方面也位居首列。

毛里求斯签署了多项公约，其中最著名的是《关于持久性有机污染物的斯德哥尔摩公约》和《里约热内卢公约》，涵盖了与气候变化和生物多样性相关的内容。毛里求斯批准了《联合国海洋法公约》，对海洋环境进行强制保护与维持。毛里求斯出席了在法国巴黎举行的《联合国气候变化框架公约》缔约方会议第21次会议。会议最后达成了《巴黎协定》，旨在应对可持续发展局面下抵御全球气候变化的威胁。

毛里求斯以一个发达国家的身份，在追求可持续发展和减贫目标的同时，支持积极应对气候变化产生的不利影响。

毛里求斯拥有自己的环境法律框架，主要由《环境保护法（2002）》、一项经批准的《国家环境政策》和《沿海综合区管理框架》组成。其他保护环境的措施还包括成立针对海洋经济、资源、渔业和海运、船运和海洋相关活动的部门，设立国家海洋委员会、海滩管理局和环境警察局，完善港口总体规划的制定以及油气勘探立法框架。

9.3.1 商机

毛里求斯的环境市场被认为是一个新兴市场，也因此敞开机会的大门，欢迎新的环境解决方案。
- 废水管理（气电）
- 甘蔗渣发电
- 可持续发展和旅游业
- 沿海与海洋资源
- 生物多样性

- 自然与环境灾害
- 风能
- 太阳能光伏发电场。
- 能效项目、能源审计、管理和咨询服务。
- 来自废物、天然气、沼气的生物质栽培能源。
- 环保建筑和基础设施开发。
- 能源生产设备的供应和维护。

9.3.2 激励措施

- 电动交通工具和电池豁免增值税和关税。
- 利用深海水供能的空调服务企业享受8年免税期。
- 电动汽车快速充电器的支出税款享受双重减免。
- 购买太阳能装置的资本支出以年度为单位享受100%的抵扣。
- 购买绿色技术设备的资本支出以年度为单位享受50%的抵扣。
- 酒店公共领域清洁、翻新和装饰工作的支出享受150%的扣减。
- 企业以可再生能源项目融资为目的发行的债券所产生的全部利息收入免税。

9.4 电影业

鉴于电影产业创造的外汇年收入预计将达10亿卢比左右，该行业很有可能成为经济的重要支柱。自2012年2月以来，外国电影从业者在毛里求斯的花费约达6亿卢比[①]。

毛里求斯获得了2017年国际电影商业奖最佳电影拍摄地的殊荣。

9.4.1 商机

- 电影制作
- 各电影制片厂与制作公司
- 各种数字动画和视觉效果
- 各电影设备租赁公司
- 各种后期制作设施
- 各种视觉效果
- 各3D动画平台
- 创意流程外包

---

① 数据来源：毛里求斯投资促进局。

9.4.2 优势

- 毛里求斯是一个多民族国家,因而拥有一个庞大的外语人才库。
- 完善可靠的道路和空中基础设施。
- 毛里求斯拥有绵延的、保持完好的海滩,壮丽的火山山脉、峡谷、原始森林,以及丰富的热带动植物资源。

9.4.3 激励措施

- 出口电影的拍摄免收增值税。
- 对于临时进口的设备,电影摄制组可利用其原产国的货物通关护照(ATA)单证册制度重新出口道具/设备。可通过 mauritiusfilm@intnet.mu 联系毛里求斯电影制作公司了解更多信息。
- 电影拍摄照明设备进口免收关税。

1. 电影退税计划

自2013年以来,引入的电影退税计划为物流和运输等多个部门带来了最直接的便利。迄今为止,该计划已为毛里求斯带来了15.9亿卢比的资金,也让毛里求斯这个拍摄地在国际制作人的眼中更具吸引力。

电影退税计划允许电影制片人就其在毛里求斯的项目中所有符合条件的电影制作支出进行40%的退费。

符合该计划要求的企业必须在毛里求斯登记,或者享用在毛里求斯当地登记的制片公司的服务,而且可以是100%外资持股的企业。

这项退税计划适用于各类项目,包括故事片、电视剧、纪录片和高端电视广告。该计划的范围还将扩大到后期制作的译制。

目前,电影退税计划已经支持了50部电影的拍摄,耗资7.57亿卢比。

2. 电影援助计划

该计划面向本土电影和音乐视频制片商。最终援助金额在2.5万～10万卢比之间,具体金额将取决于制作的时长和类型。该计划已拨款500万卢比。

9.4.4 支持机构

1. 经济发展局

经济发展局旨在提高毛里求斯作为一个电影制作地的吸引力,并协助电影制片人取得电影拍摄许可。据毛里求斯投资促进局数据显示,2015年的21个电影项目总共为自由职业者或被分配工作者提供了约425个工作岗位。

自2017年以来,毛里求斯投资促进局已批准了11个新项目,合格电影产品的总支出达10亿卢比。

2. 毛里求斯电影制作公司

毛里求斯电影制作公司为本地和外国电影制片者提供一站式服务。

毛里求斯电影制作公司是一家宣传推广机构，也是协助短片和故事片拍摄的中介机构。它为电影制作者提供帮助，并负责向电影制作者颁发拍摄许可证和制作许可证。

9.4.5 许可证

所有在毛里求斯拍摄的电影都应在开拍3周之前向毛里求斯电影制作公司提交申请。在限制区域内拍摄时，需要遵守相应的法律法规，而获得必要的授权则需要更长的申请时间。

9.5 金融科技行业

"金融科技"（Fintech）是指利用技术推动的金融创新，它可能产生新的商业模式、应用程序、流程或产品，并对金融市场、机构以及金融服务产生实质性影响。毛里求斯是金融科技公司设立或扩展业务的首选地区。新冠疫情加速了数字化的进程，这个进程也让金融科技受益。

9.5.1 金融科技版图

毛里求斯自我定位为非洲大陆有竞争力、有良好声誉的金融科技中心。毛里求斯雇佣的多语种IT专业人员超过3万名。近年来，政府与相关机构已构建出一个有益于金融科技发展的生态系统，让该系统中的毛里求斯年轻人与科技精英（包含外国人士）可以参与到金融科技活动当中。此外，毛里求斯还孕育出了灵活且生机勃勃的技术行业，这里拥有最完善的互联网以及成熟的全球化商业环境。一些金融科技初创公司和国际IT公司也已在毛里求斯成功地开展业务。

毛里求斯非洲金融科技中心（Mauritius Africa Fintech Hub, MAFH）促使在毛里求斯境内的金融科技活动的可持续发展。该中心建构的生态系统让企业家、公司、政府、投资者、大学和研究机构可以展开合作，共同制定对非洲市场有重大影响力的金融科技解决方案。

2019年，毛里求斯金融服务委员会加入了全球金融创新网络（Global Financial Innovation Network, GFIN），进一步推动了毛里求斯金融科技生态系统的发展。

2021年，加拿大证券管理委员会与毛里求斯金融服务委员会签署了一项金融科技合作协议。同年，毛里求斯还举办了备受瞩目的非洲金融科技节。

虚拟资产的出现是金融科技领域的又一重大发展。自2016年开始实施创新监管沙箱牌照制度以来，毛里求斯已将各种金融科技项目纳入考量范围，这些项目包括但不限于首次代币发行、加密货币、交易平台、数字钱包和众筹平台。

吸引投资者的金融科技细分领域包括：监管科技、保险科技、跨境协议、在线支付处理、点对点借贷解决方案、储蓄和预算应用以及欺诈分析软件。

金融科技领域活动丰富多样，包括：点对点借贷、众筹、虚拟资产服务和首次代币发行（市场、保管人、顾问、数字钱包、经纪人和首次代币发行）、机器人与人工智能辅助咨询服务和保管服务（数字资产）。

9.5.2 监管框架

针对一些不在现有法律框架内的创新活动，毛里求斯引入创新监管沙箱牌照，让创新推广者们得以展开创新的商业模式与活动。毛里求斯金融服务委员会可向现有许可证持有人或满足其授权要求的其他法人授权。2021年，毛里求斯修订了相关法律，赋予了毛里求斯银行在其管辖范围内授权此类运营商和商业活动的权力。

毛里求斯金融服务委员会还于2021年制定了一系列综合性法规（如：《虚拟资产与首次代币发行服务法》）和有关虚拟资产的补充规则或指导说明。

在这一新的前瞻性立法的实施过程中，毛里求斯金融服务委员会还更新并调整了关于证券代币发行的指导说明。

此外，毛里求斯金融服务委员会还为点对点借贷、众筹性投资和机器人咨询服务分别制定了完善的监管框架。这些监管框架旨在方便人们在毛里求斯境内和其他可能适用的地区获得金融服务。

对银行法和金融服务法也进行了修改，以便建立金融科技创新中心和数字实验室，从而促进金融创新并为其提供良好的测试环境。

1.《虚拟资产和首次代币发行服务法（2022）》

毛里求斯是非洲东部与南部地区首个采用全面化、综合化立法框架来管理虚拟资产的国家。《虚拟资产和首次代币发行服务法（2022）》这一颇具创新的法案，为虚拟资产相关的业务活动的监管提供了一个健全而有利的框架。

毛里求斯金融服务委员会将对虚拟资产服务提供商进行授权，为首次代币发行者提供注册服务，并在虚拟资产服务提供商和首次代币发行者持续运营的过程中判定其是否运作良好，从而打击洗钱、恐怖主义与扩散融资行为。

该法案将切实完善毛里求斯其他现存的监管框架（如机器人和人工智能辅助咨询服务、点对点借贷或众筹等），并巩固毛里求斯在非洲地区领先的金融科技中心的地位。

2. 遵守反洗钱和反恐怖融资法规

开展任何涉及基金的科技金融业务都必须遵守反洗钱和打击恐怖融资相关法律和所得税共同申报准则。金融科技服务提供商必须符合经济合作与发展组织和金融行动特别工作组制定的国际标准。

毛里求斯金融服务委员会根据《虚拟资产和首次代币发行服务法（2022）》颁布了针对反洗钱和打击恐怖融资的指导方针，概述了虚拟资产服务提供商和初始代币发行者在开展业务活动中可能面临的洗钱和恐怖主义融资风险。此外，该指导方针还全面解读了法案中针对反洗钱和反恐融资法律合规和情报的合规义务。

9.5.3 挑战

点对点借贷、财富管理和虚拟资产服务等业务活动可能会给监管带来严峻的挑战，如：消费者保护、数据保护、网络安全威胁、洗钱和恐怖主义融资风险等。

毛里求斯金融服务委员会积极确保金融科技业务申请人拥有安全的网络、恢复网络的策略和能力，以抵御上述威胁或挑战。值得注意的是，政府已对此成立了网络犯罪管理单位，并实施《网络安全与网络犯罪法（2021）》，用以打击与计算机相关的犯罪和黑客欺诈行为。

此外，MAUSHIELD是由毛里求斯的专业IT机构开发的开源软件系统。作为一个国家级的系统，以实时、安全和保密的方式在不同机构之间完成网络威胁情报的共享。

9.6 医疗保健

医疗保健行业正在成为毛里求斯新的经济支柱。该行业在GDP所占比例达4.6%。该行业由20间私人诊所、8家专科中心、5家公立医院、6个专业医疗实验室组成。总就业人数8500人[①]。

毛里求斯的医疗保健人才库拥有众多技能娴熟、才华横溢的专业人士。针对医疗保健行业也有颇具吸引力的激励政策，还有可靠的私人诊所、研究和医疗机构网络，这让毛里求斯成为一个高科技医疗中心和可独立发展的医疗、旅游目的地。全球主要的医疗保健机构，如福蒂斯·达恩（Fortis Darne）、哈利街生育中心（Harley Street Fertility Centre）、阿加瓦尔眼科医院（Agarwal Eye Hospital）和生发机构（Challenge Hair），都注资了一些毛里求斯的现代诊所，完善了这些诊所的成像技术、内窥镜设备和药物疗程，也促进了科学的创新。有几家印度医院在毛里求斯开设了分支机构，或是与现有的私人诊所和外科中心建立了合作关系。

---

① 数据来源：毛里求斯投资促进局，2016年数据。

9.6.1 商机

- 创办医疗中心、医学院和医学研究实验室
- 牙科诊所和牙科实验室
- 多专业中心
- 健康中心和健康疗养院
- 糖尿病专科研究与治疗中心
- 制药或医疗产品与设备的制造
- 传统医学
- 阿育吠陀疗法、自然疗法和老年人服务项目
- 医疗保健服务，包括心脏病诊疗、整形与整容外科、高级眼科护理、植发、牙科护理、干细胞治疗、骨科和按摩疗法、生育治疗
- 医学研究
- 整形、整容诊所和诊断中心
- 远程医疗
- 运动医学专科诊所

9.6.2 激励措施

- 从事医药产品、医疗器械和高科技产品制造的新企业，8年免缴所得税。
- 快速入市计划扩展到医疗设备领域。
- 增值税免税不仅适用于建设私人医院、疗养院或住宅疗养院的法人，也适用于从事相关事业的慈善机构。
- 医疗、外科与牙科设备免征增值税。
- 医疗专用压缩服装免征增值税。
- 特定设备、机械与家具免征关税。
- 针对在毛里求斯国土上开展阿育吠陀保健中心项目（Ayuvedic wellness center project）的私人医疗机构，《国家土地法》降低了其年度应付租金。

9.7 信息与通信技术

信息与通信技术产业被誉为毛里求斯第三大经济支柱。它为2021年国内生产总值贡献了7.4%的份额，逾3万名专业人士受雇于该行业。

根据国际电信联盟全球平台信息显示，2017年毛里求斯的网络安全排名全球第6。毛里求斯作为一个强大、安全的信息与通信技术生态系统的提供者，其地位再次

得到了肯定。毛里求斯被评为非洲地区信息与通信技术领域表现最佳的国家。据全球移动运营商协会连接指数显示，2017年毛里求斯在移动连接领域方面在非洲名列前茅。

毛里求斯还拥有巨大的增长空间，因为它拥有稳定的政治、社会和经济制度，还有时区的优势、颇具吸引力的财政制度、充足而可靠的现代基础设施、优良的双语人才、相关的法律和监管框架，以及以富有竞争力的价格优势提供用于高带宽全球连接的先进电信设施。

该行业的服务已从呼叫中心运营等基本业务，发展到了软件与移动应用程序的开发、数据和容灾中心等高附加值的业务。毛里求斯通过创建伊本数码城将自身打造成了一个数码岛。进驻这里的信息与通信技术运营商包括：甲骨文（Oracle）、思科（Cisco）、Orange、埃森哲（Accenture）、OBS（Orange Business Services）、敦豪（DHL）、德意志银行（Deutsche Bank）、华为、印孚瑟斯技术（Infosys）、欣杜贾（Hinduja）、Apollo Blake、微软（Microsoft）、法国电信（France Telecom）、TNT集团（TNT group）和国际商业机器公司（IBM）。

9.7.1 数字产业

- 企业总数：850
- 手机普及率：155.25%
- 互联网普及率：133.9%

行业细分
- 商务流程外包：32%
- 信息技术外包：47%
- 信息技术外包与商务流程外包：3%
- 信息技术服务：18%[1]

9.7.2 信息与通信技术管理局（Information and Communication Technologies Authority，ICTA）

信息与通信技术管理局是监管信息与通信技术部门的国家机构。其职能是"就毛里求斯的信息与通信服务行使许可和监管职能，包括确定执照持有人的类型和完成登记，以及对价格、关税和变更的审批"。

颁发的执照包括：
- 网络基础设施供应商执照
- 网络服务供应商执照（国内）
- 网络服务供应商执照（国际）

---

[1] 数据来源：毛里求斯投资促进局（2016年数据）。

- 公用交换机（固定）执照
- 电话网络（PSTN）执照
- 公共陆地移动网络执照
- 国际长途网络执照
- 公共移动无线集群通信系统执照
- 互联网服务供应商执照
- 语音信息服务执照
- 数据服务执照

9.7.3 商机

- 语音/非语音业务流程外包
- 信息技术外包
- 信息技术服务
- 数字内容
- 知识加工外包
- 云服务
- 网络安全
- 数字健康技术
- 教育科技（EdTech）
- 电子商务
- 物联网（IoT）
- AI虚拟与增强现实
- Cote Dór科技园中的数字技术与新技术

9.7.4 激励措施

- 为不在现有法律框架内的创新项目提供监管沙箱牌照。
- 推出国家孵化器计划，为项目提供基础设施支持、培训和指导。
- 符合规定的、以研发为目的的支出税款享受双重减免。
- 推出电子商务计划。该计划规定，在毛里求斯发展和注册电子平台及开展相关辅助活动的企业享受5年的公司所得税免税期。
- 创新者职业许可证（Innovator Occupation Permit）不设最低营业额和投资门槛。
- 在毛里求斯开发知识产权资产的企业享受8年的公司所得税免税期。

9.8 知识产业

颇具商业潜力的知识产业中心有望发展成毛里求斯另一个经济支柱，因为它地处非洲和澳大利亚之间的战略要地，政治稳定，教育成本颇具竞争力，有针对外国学生的兼职工作计划，人民生活质量较高。

毛里求斯的识字率约为90%，在世界银行知识经济指数中位于非洲前列。根据联合国教科文组织的报告，毛里求斯是非洲高等教育毛入学率最高的国家。

截至2019年，知识产业占国内生产总值的4.8%，吸引了国际知名的教育机构、大学、医学院和培训中心来到毛里求斯。目前，该国有14所科研院所，其中包括2所大学和44所高等院校。

截至2019年12月，毛里求斯已经迎来了约8079多名国际学生，他们分别来自80个不同的国家，其中主要包括印度、尼日利亚、南非、法国、肯尼亚和津巴布韦等。2015年，教育服务的出口为毛里求斯带来6亿卢比的经济收入。

毛里求斯提供了一系列不同领域的课程，如医学、牙科和商业，课程费用也控制在人们可以负担的范围之内。毛里求斯还创办了一些声誉卓著的学府，如南特中央理工学院（Ecole Centrale de Nantes）与先贤寺–阿萨斯大学（Unversité Panthéon-Assas）。一些领先的外国大学也在毛里求斯建立了自己的校园。

9.8.1 商机

- 高等教育机构
- 职前和职业学校、技术学校
- 学龄前学校、小学和中学
- 医学院
- 培训中心
- 信息与通信技术机构
- 大学校园、商业和专业学校
- 商学院和语言学院
- 酒店业研究中心和培训中心
- 专门职业与技能课程，如烹饪艺术和时尚设计、室内设计、建筑、视觉传达等

9.8.2 执照

根据《海外教育和培训机构代理招聘执照法（2006）》，正在提供或可以提供高中后教育与培训（包括技术教育或专业教育）的海外教育和培训机构必须持有执照。

该执照有效期2年，不得转让，可以申请续期。

注意：任何学生都可以直接向其希望就读的学校提交申请，但必须确保该校持有执照。

9.8.3 激励措施

- 全球排名前500院校的分校，从开始运营的第一年度起，享受连续8年的所得税免税期。
- 在毛里求斯设立分校期间，用于在线教育的信息技术系统和相关材料设备免征增值税。
- 建造高等教育专用建筑，免征增值税。
- 建造学前教育、小学、中学和高等教育专门建筑，免征土地变更税。
- 购买用于小学、中学和高等教育的土地和建筑免收登记税。

9.9 生命科学

生命科学将成为毛里求斯经济增长的新动力之一。

毛里求斯是一个充满吸引力的地方，因为这里提供了各种优先准入机会，例如通过美国国家环境保护局（Environmental Protection Agency, EPA）进入欧盟，通过《非洲增长与机遇法案》进入美国，通过南共体和东南非共同市场协议进入非洲。毛里求斯拥有高技能的双语劳动人才，还有领先的医药企业制造药品出口到非洲，以及领先的医疗器械生产商将产品销往全球市场。

毛里求斯正在推广和发展其生物技术部门，该部门为经济带来了约1亿美元的收入。2016年，医疗行业占出口的1%。其他行业，如生物技术和医药产品，近年来也迎来了意想不到的增长。在过去三年中，流入生物技术领域的外国直接投资达2870万美元。

得益于《临床试验法（2011）》和《动物福利（实验动物）条例（2017）》，毛里求斯境内的药物研究与开发得到了发展。

9.9.1 临床试验

1. 监管架构

毛里求斯拥有完善的临床研究监管架构，该国依照国际权威的实践操作颁布了《临床试验法（2011）》，按照该法设立了三个主要委员会，即临床研究监管委员会、伦理委员会和药物警示委员会。而2016年提交至临床研究监管委员会的研究不超过

30项[①]。

2. 临床试验许可证获取程序

- 寻求在毛里求斯进行临床试验的发起人应向临床研究监管委员会申请试验许可证，并提交证明文件。
- 临床研究监管委员会将进行评估并将该申请提交给伦理委员会。
- 如果申请符合道德标准和国际科学标准，伦理委员会则会将该申请送回临床研究监管委员会。
- 伦理委员会的作用是对参与临床试验的受试者可能受到的不良影响进行分析。
- 如认为发起人符合条件，临床研究监管委员会随即根据其认为合适的条款和条件向发起人颁发许可证。
- 临床试验可以在志愿者或疾病患者个人身上施行。

注意：所有发起人必须签订保险合同，以涵盖其自身的责任和临床试验各个参与者的责任。

《临床试验法》规定，任何接受临床试验的受试者在出现任何与临床试验相关的损伤时都应得到合理的补偿。

3. 激励措施

- 成本竞争力（与欧洲相比，试验前研究和临床研究的成本较低）。
- 人力资源成本低于欧洲。
- 由于员工能使用多种语言，更容易对其展开医疗器械生产设备方面的培训。
- 遗传的多样性。
- 毛里求斯在南半球所处的位置允许该国开展各种类型的光生物学研究以及黑色素瘤与癌症研究。

4. 合同研究组织

5个合同研究组织在毛里求斯运营并展开了针对糖尿病、肝炎和狼疮等各种疾病的80多个临床试验。这些组织可以参与临床研究（主要是化妆品临床研究）的最后阶段。毛里求斯投资促进局数据显示，化妆品和医药产品的临床试验已有1000多项。国际制药开发中心是一家独立的合同研究私营组织，该企业针对制药、医疗器械、营养和化妆品行业展开了高质量的研究和临床试验。另外两家合同研究组织，即Insight Research和Cap Research，也在毛里求斯开展了临床研究。

9.9.2 医疗制造单位

强生（Johnson & Johnson）、蔡司（Carl Zeiss）、佩罗实验室（Perouse Laboratoire）、纳泰克医疗（Natec Medical）等国际知名企业均在毛里求斯建立了生产

---

① 数据来源：毛里求斯投资促进局。

基地。业界领先的医疗器械制造商也在此建立了生产厂，生产出的导管约占血管成形手术中的5%。

9.9.3 研究活动

毛里求斯生物工业园提供生物技术领域的研究和开发服务。其主要目标是吸引生命科学领域的多学科研究团队在此建立技术园区，为研究型企业提供所需的设施。

毛里求斯大学拥有一个ANDI生物医学与生物材料卓越研究中心，主要从生物医学或制药的角度展开对本土陆地和海上资源的研究。

毛里求斯研究委员会（MRC）旨在促进和协调国家对研究的投资。毛里求斯研究与创新委员会将取代毛里求斯研究委员会，管理国家创新和研究基金，为公共和私营机构的研究提供资金，并设立毛里求斯研究知识库和工业财产办公室。毛里求斯海洋研究所则拥有各种针对水产养殖、海草开发和海洋生物疗法的研究项目。

9.9.4 商机

- 生物医学研究
- 医疗器械
- 农业与海洋生物技术
- 营养药物开发
- 药品生产
- 化妆品研究
- 药用植物种植（毛里求斯药用植物中有634种已命名植物，但纳入研究的却不到10%）
- 研究实验室，及以辣木、槟榔叶和柠檬等作为食品添加剂的保健食品（罗德里格岛的植物可以为研究的发展和产品的开发开拓新路径）

9.9.5 激励措施

- 研发、研发实验室相关活动：
  医疗研发中心建设免征增值税；
  发电站与设备免征增值税；
  如果用于研发的资本支出在2年内完全摊还，则该支出享受50%的加速折旧；
  购买不动产免征登记税；
  符合规定的支出税款享受双重减免；
- 制药行业发展相关的配套服务：现有法律规定的各类适用税项。
- 医药产品生产享受为期8年的公司税免税期；
- 医疗设备、仪器与产品制造相关活动：购买或租赁土地或建筑免征登记税或土地转让税；
- 化妆品/皮肤科产品制造相关活动：
  （在为期8年的公司税免税期结束后）按出口商品利润的3%征收公司税；
  设备和原材料免征进口关税；
  毛里求斯境内免征出口关税；
  在海关结关时，需支付原材料增值税，但出口后该费用可退还；
  机器、设备和专门用于制造活动的工业场所享受50%的加速折旧；
  免除制药生产厂房建设中的建筑与土地使用许可费；
  享受20%的优惠幅度；
  向非洲（包括马达加斯加）、澳大利亚、加拿大、欧洲、日本、中东国家和美国出口的货物，享受60%的空运支出返还（截至2022年6月）；
  在非洲20个国家的49个港口产生的基本运费成本，享受25%的返还（20英尺的集装箱最高返还300美元/集装箱，40英尺的集装箱最高返还600美元/每集装箱）。

9.10 物流与配送服务

鉴于毛里求斯物流业务的持续增长，《外国直接投资》杂志（fDi Magazine）将其评选为自由贸易区之一（2016—2017年全球未来自由贸易区）。

运输和储存部门对GDP的贡献达5.7%（2014年估算）[①]。

9.10.1 毛里求斯自由港

毛里求斯自由港为该国带来了一个充满活力且专业化的物流行业。

毛里求斯自由港成立于1992年，是所有再出口货物以及所有进口到自由港的机械、设备和材料的免关税区。优越的地理位置、通往南共体和东南非共同市场的门户地位、完善的贸易基础设施、有价格优势的多语种（包括英语和法语）劳动人才以及有成本优势的商业环境，让自由港成为开展进出口业务物流、分销和加工相关活动的理想场所。这里已经建起一座印度洋最大的物流中心，并根据国际标准配备了综合供应链解决方案。业界领先企业，如Velogic、Petredec、Royal Cresta Paint Ltd.和Africasia都已进驻该港。

9.10.2 执照申请

在毛里求斯自由港展开业务的运营商，必须持有经济发展局颁发的有效自由港

---

① 数据来源：毛里求斯投资促进局。

执照才能开展其业务。获得执照的运营商可以在一个或多个自由港区域内开展业务。自由港执照的申请必须通过电子监管平台www.eregulations.mu提交到自由港执照申请系统。

注意：在毛里求斯成立且在境外提供自由港相关服务的企业，也享受自由港运营商身份。

一旦向申请人颁发自由港执照，经济发展局首席执行官将向毛里求斯海关的审计长提供证书副本，在申请人支付相关费用后，审计长将颁发有效期为1年的、可续期的自由港执照。自自由港执照颁发之日起，持有人应每12个月支付一次执照费用，支付时间不晚于执照到期日的前15天。

自由港执照包括以下几种：

①自由港运营商执照，颁发给从第三方开发商处租赁物流，以开展自由港业务的企业。

②自由港私人开发商执照，颁发给建造和管理自己的物流设施，以开展自由港业务的企业。

③第三方开发商执照，颁发给建造和管理出租给自由港运营商的物流设施的企业。

注意：在港口和机场自由区运营都必须持有自由港运营商执照。

9.10.3　商机

- 储存和仓储
- 制造业
- 拆卸、分类、分级、混合和清洁
- 质量控制和检验服务
- 货运代理服务
- 陆基海洋业
- 水产养殖和鱼类养殖
- 燃料加舱
- 船舶建造与维修

9.10.4　激励措施

- 所有货物和设备免除关税与增值税。
- 所有进口至自由港区域且专供自由港使用的机械、设备和材料免税。
- 所有再出口货物的进口免除关税。
- 所有再出口货物的港口装卸费减免50%。

- 提供进入当地市场渠道：年营业额占商品价值的50%。
- 100%外资所有。
- 利润自由汇回本国。

9.11 制造业

制造业是毛里求斯经济的支柱。2020年，该行业雇用了约103 400名工人，在总就业人数中占比约为20%。制造业包含810家大型企业，出口总额达85%。

制造业主要部门及其占国内生产总值的比例如下：食品加工，占比35.1%；纺织制造，占比29.5%；糖加工，占比1.4%；其他制造活动，占比34%[①]。

9.11.1 商机

- 纺织与服装
- 海产品加工
- 农产品加工
- 朗姆酒与烈酒酿制
- 精酿啤酒厂和装瓶厂
- 珠宝
- 制药与医疗器械
- 原始设备制造商与汽车零部件
- 技术纺织品
- 金属加工
- 印刷与包装
- 塑料制品
- 涂料与化学品
- 回收

9.11.2 激励措施

- 在海关结关时须支付原材料的增值税，但出口后该费用可退还。
- 进口到自由贸易区的货物和设备免征关税与增值税。
- 符合适用条件的高科技制造活动所用建筑或土地转让免征登记税和土地转让税。
- 投资高科技制造设备享受投资税抵免。
- 针对制造企业从本地中小企业购买商品所产生的成本，企业应纳收入的减免幅

---

① 数据来源：毛里求斯投资促进局。

度从10%提至25%。
- 国内企业的货物出口利润所得税为3%。
- 从事医药产品、医疗器械和高科技产品制造的企业享受8年的所得税减免。
- 用于研发的资本支出年加速折旧50%。
- 在2021—2022收入年之前符合条件的研发支出，可以申请双重税前扣除。

9.12 海洋业

毛里求斯正为海洋经济成为其经济发展的新支柱之一铺平道路。海洋产业为GDP所做的贡献接近4%。为渔业、海鲜和水产养殖业提供了1.6万个工作岗位，为港口和其他相关产业也提供了3000多个直接关联的岗位。

毛里求斯拥有230万平方千米（世界上最大）的专属经济区，其中39.6万平方千米由该国与塞舌尔共同管辖（图9-1）。毛里求斯的专属经济区延伸至阿加勒加（Agalega）和圣布兰登（St. Brandon），排名全球第五，相当于西班牙、德国、意大利和法国专属经济区的总和。

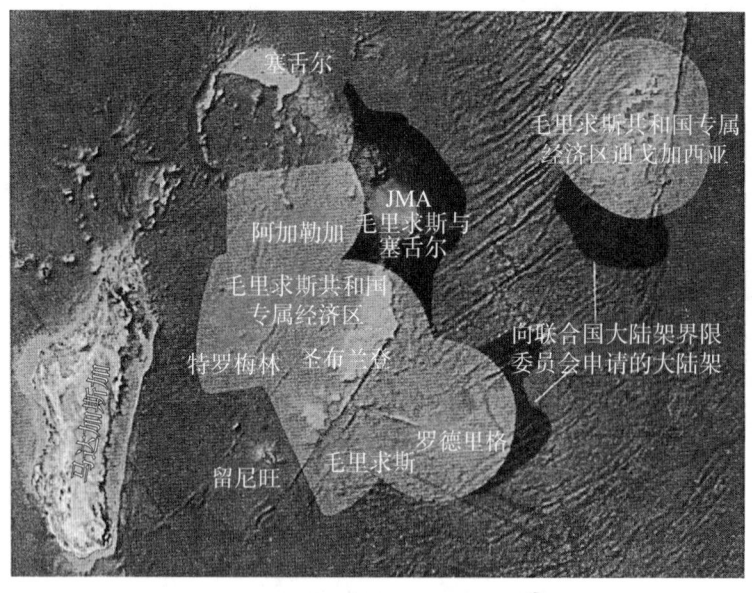

图9-1 毛里求斯共和国专属经济区[①]

专属经济区提供了以下一系列丰富商机。

---

① 载自《商业周刊》第144期，2017年5月5日，http://www.bizweek.mu/fr/article/il-faut-revoir-notre-systeme-de-surveillance。

9.12.1 海事服务

（1）船舶杂货。

（2）船舶维修、维护以及租赁。

（3）燃料加舱设施。

（4）海洋旅游。

海洋旅游涵盖码头、商业帆船学校、水族馆和内陆海洋休闲公园、海洋治疗中心、垂钓、浮动餐厅、赌场、夜总会、帆船出海、风筝冲浪、滑翔伞、潜水、皮划艇、远足和巡航。

（5）海洋生物技术。

毛里求斯海洋生态系统的独特环境蕴藏着大量未开发的生物资源。

主要商机如下：

- 研究微藻与海绵动物、学术培训、氨基酸工业生产和活性分子的酸性萃取。
- 在海洋中收集各类基因，为多种生物技术的应用打开新领域的大门，这些领域包括药物、营养品、生物能源和食品。
- 利用本地海洋植物（如藻类、海绵动物和鱼类）的基因库来识别具有商业价值的分子，以此推动制药、食品、化妆品和农药行业的发展。
- 为商业开发申请研究专利。
- 参与海洋生物技术基础设施研发的私营部门。[1]

（6）海洋信息与通信技术。

海洋信息与通信技术为海洋经济的发展提供了支持，也为出口提供了相应服务。

主要商机如下：

- 船舶管理、船舶与游艇租赁；
- 海洋活动保险，包括开采活动的保险；
- 在线上碳交易平台进行的贸易。[2]

9.12.2 海洋可再生能源

海洋中的洋流、海洋热能转换和海洋盐水能源在能源生产方面有巨大潜力。

1. 深海水应用项目（Deep Ocean Water Application, DOWA）

使用深海水进行空气调节是将海深1千米左右处的温度约为5℃的深海冷水泵送至地面，供应给建筑物的空调系统。深海水应用项目旨在通过用可再生能源替代化石燃料对建筑进行冷却，达到控制大型城市建筑能源消耗的目的。

---

[1][2] 资料来源：*Roadmap to Mauritius*。

分别来自毛里求斯和日本的两家私人企业在两个此类项目中已投资超过200万美元，这些项目从海平面以下1千米处经水泵将冷水抽取，然后用于路易港和马埃堡建筑物内的空气调节。

非洲可持续能源基金（SEFA）批准了一项100万美元的项目，该项目准备拨款支持Sotravic有限公司，让其建造和操控一套破土装置，该装置将从印度洋深处抽取冷水，并将其用于路易港中心及其周边区域建筑物内的温度调节。

2. 商机

- 在罗德里格岛水域建立近海农场，以产生清洁和可再生能源。
- 脱盐矿泉水、药品和化妆品。
- 利用海水资源开展商业活动。
- 深海水提取和绿色冷却行业。

这些商机将转化为就业机会、外国直接投资项目和技术转移创新项目，最重要的是，转化成外汇收入。

3. 激励措施

- 利用深海冷水提供空气调节的服务免税。
- 从事深海冷水开采和利用深海冷水提供调节装置、设施和服务的企业享受8年的所得税免税期。
- 自支出发生的年度起，连续5年对深海冷水空气调节和海水淡化装置的相关费用实行双重减税计划。

9.12.3 水产养殖

水产养殖业正在兴起，前景大好。该行业雇用了约1.2万人，养殖总产量达500吨[①]。

毛里求斯正在促进水产养殖，主要出口虾、小龙虾、螃蟹和鳗鱼。在毛里求斯，一项重要水产项目正由马海布尔水产养殖有限公司（La Ferme Marine de Mahebourg Ltd.）开展，其中包括在格兰德高贝（Grand Gaube）和淡水洞（Trou D'eau Douce）的各个小型水产养殖项目。目前，已经有20个水产养殖基地。而阿尔比恩渔业研究中心（Albion Fisheries Research Centre）则致力于促进可持续水产养殖的发展。

商机

- 水产养殖场。
- 潟湖和深水网箱养殖。
- 金枪鱼养殖场经营与网箱育肥。
- 牡蛎和珍珠养殖。

---

① 数据来源：毛里求斯投资促进局（2016年）。

- 海藻养殖——海藻行业面向人类消费、化妆品、医疗和医药用品领域。
- 陆地海洋产业的兴起，如龙虾和鲑鱼养殖。

9.12.4　海运和港口相关活动

99%的国家对外贸易经由本国的港口处理，预计对国内生产总值的总贡献率达2%左右。

商机

- 渔业转运、储存和仓储。
- 轻加工，如分选、分级、清洗、剖片、取腰脊肉和装罐。
- 加工鱼类废料，以提取富含omega 3的鱼油，用于制药行业。
- 邮轮旅游目的地、石油存储和燃料加舱点。

毛里求斯希望发展成为石油产品储存中心，这将带来大量的工程师岗位和高技能岗位。根据共同管理协议，塞舌尔和毛里求斯计划在印度洋进行联合石油勘探，覆盖印度洋表面39.6万平方千米的面积。Petredec公司建立了毛里求斯最大的陆上液化石油气储存设施，用于服务国内和地区市场。用于石油产品勘探和生产的机械与设备免收增值税。

9.12.5　海鲜行业

海鲜行业是毛里求斯经济中发展最快的行业之一。这一行业占国内生产总值渔业部分的1.5%，占国家出口的18.7%。直接雇佣人数约6000人，间接雇佣人数约2万人。营业额约222.8亿卢比。

毛里求斯海鲜行业存在以下优势：

- 自由港提供物流服务、基础设施和一站式服务，以确保鱼类的转运业务顺利进行。
- 拥有丰富而多样化的渔业资源，包括远洋鱼类和底栖鱼类。
- 毛里求斯是向欧盟市场出口罐装金枪鱼的、最大的非洲–加勒比海–太平洋集团（ACP）两个出口国之一，其金枪鱼资源排名全球第二，金枪鱼年捕获量占全球年捕获量的23%以上。毛里求斯也是金枪鱼的主要转运中心。
- 许多在西南印度洋地区运营的外国长线邮轮将毛里求斯作为其中转枢纽。
- 毛里求斯与欧盟、塞舌尔政府和日本金枪鱼渔业合作会社（Japan Tuna Fisheries Co-operative Associations）签署了捕鱼协定。
- 毛里求斯已与国际主要的渔业公司关于在当地建立渔业和海鲜加工设施进行过谈判。
- 悬挂毛里求斯国旗的渔船捕鱼许可证延长至5年。

9.13 地产市场

不动产市场监管良好,确保对投资者、贷款人、开发商和房产拥有者产权实施保护。

地产业似乎正在成为另一个经济支柱,这得益于智慧城市计划、房地产开发计划、酒店投资计划、大型商业和办公综合体、工业建筑和新城镇的大规模开发。

近期,房地产出现了前所未有的增长,并迅速成为一种能够带来巨大利润的商机。房地产占GDP 10.5%。预测显示,未来10年毛里求斯的房地产价格将增长40%。

根据《2016年新世界财富毛里求斯投资评论》,毛里求斯被评为撒哈拉以南非洲的五大房地产发达地区之一。

在过去的10年里,毛里求斯共有1766处房产出售给了外国人[①]。

9.13.1 基本数据

- 已批准的可再生能源项目达82个,已批准的房地产开发计划项目为16个,总买家数达1966人。
- 72%的买家来自法国、南非和英国[②]。
- 房地产价格为每平方米700~850美元[③]。

9.13.2 房地产开发为何如此有吸引力?[④]

- 良好的投资回报率——由于通货膨胀和更换现有房产成本的提高,房地产的价值随着时间的推移不断增加。
- 无继承税和资本利得税。
- 提供与此类基础设施建设(包括《土地分割法》规定的场外工程)的成本等额的银行担保的开发商,可以接受等额的预订款和押金。
- 完全产权。

9.13.3 商机

- 购物中心和免税商店
- 办公楼、商业和工业园区
- 生态旅游项目/高级商务酒店

---

①② 数据来源:毛里求斯投资促进局。
③ 数据来源:《全球房地产指南》(Global Property Guide)。
④ 数据来源:http://www.property.24.com/articles-south_africa_property。

- 智慧城市项目/地产发展项目
- 休闲项目和餐厅等配套服务
- 小船坞
- 物业管理公司、园艺和维护服务业、租赁合同业务
- 休闲公园/游乐园
- 文化遗产旅游
- 国际会议中心与展览中心
- 退休养老村
- 赌场
- 会展旅游（会议、奖励旅游、大型企业会议与节事活动）

9.13.4 物业服务商

地产分成三种性质：
- 个人地产
- 公共领域，包括道路、公路、河流和港口
- 国有土地［海岸沿线的法国海外省五十步沿海地理区域（Pas Geometriques）是不可剥夺和侵犯的领土］。

土地法律上的不动产有两种形式：永久持有的自由保有地产和承租人在有限的租期内拥有的租赁保有地产。

1. 毛里求斯景观管理局旗下公司

毛里求斯国土规划局主要包括以下从事房地产开发和物业管理的实体：
- 国家土地开发有限公司。
- 国家房地产开发有限公司，是财政和经济发展部旗下的一家上市公司，旨在开发和管理房地产。
- 毛里求斯商业区有限公司，是一家归政府所有的基础设施开发公司，旨在率先开发土地和基础设施。它有两家子公司：数码地产投资有限公司和自由港服务有限公司。
- 美岸丽世度假村有限公司（Belle Mare Tourist Village Ltd.）。
- 勒瓦尔发展有限公司（Le Val Development Ltd.）。
- 莱斯派乐斯会议中心有限公司（Les Pailles Conference Centre Ltd.）。

毛里求斯景观管理局旨在为所有公共房地产开发项目提供一种全新的视角。该局受委托负责城乡重建总体规划的准备工作，以便将伊本改造成一个现代化的城市。

投资机会：科多尔城（Cote D'Or City）、路易港改造和伊本数码城。

2. 经济发展局

详见3.2节。

3. 地产代理协会

地产代理协会成立于1990年，旨在提高房地产行业的整体标准。该协会将15~200家不受监管的专业房地产代理组成了集团（除了那些持有9个地方当局中任意一个所颁发的交易执照的地产代理）。交易执照赋予持有者在不动产买卖双方之间充当经纪人的权利。该执照每年续期一次。

4. 住房与土地部

该部门旨在鼓励而非限制私营部门的开发业务，以满足毛里求斯人民的住房和土地需求，并实现更为有效的国有土地管理和使用。住房和土地部住房司负责制定社会住房部门的战略与政策。

9.14 中小型企业

据中央统计局数据显示，中小企业部门仍然是经济增长的主要驱动力，占国内生产总值的42%，对就业率的贡献比例达55%。

截至目前，中小企业占总就业人数的44%、总附加值的35%和总出口的10%左右。

在毛里求斯经济中，约有12.4万家中小型企业在不同的领域运营。

9.14.1 中小型企业定义

企业是指任何从事形式的贸易、商业或产品制造的公司。中小型企业是指微型企业、小型和中型企业、中端市场企业。

微型企业是指年营业额不超过1000万卢比的企业；小型企业是指年营业额为1000万~3000万卢比的企业；中型企业是指年营业额为3000万~1亿卢比的企业；中端市场企业是指年营业额为1亿~2.5亿卢比的企业。

9.14.2 注册程序

经营企业的法人可申请中小企业注册，申请表格应按监管人员要求的方式提交给中小企业注册部门。申请表格可在线（https://online.smemu.org）下载。申请人必须提供详细的相关信息，例如企业的详细信息、业务活动的性质和活动所在地以及预期或实际涉及的劳动力。

登记官应在收到申请或相关资料之日的15天内通知申请人其申请是否已获批准或驳回。

1. 登记证书

企业符合规定条件的，登记官应对其申请予以批准，将其登记为中小型企业，并向其发放登记证书。

证书有效期为5年。登记证书持有人如更改中小型企业的名称或地址，或拟更改获发的登记证书的业务活动的性质，须向登记官提出对证书进行修订的申请。证书持有人须在证书期满前至少3个月向登记官提交证书更新申请。

登记证书持有人在申请时提供虚假或者误导性信息的，其证书可能被注销或变更。

申请人有权在其被通知申请结果后的21天内向部长提出上诉，以防止登记官在行使其职能时滥用职权。

2. 登记是强制性的吗？

不是，但登记益处良多，例如可以从所有经批准的登记计划或适用的中小型企业财政和金融激励措施中受益。

9.14.3 财政激励措施

- 毛里求斯开发银行将以每年6%的利率向中小型企业提供融资；微型企业贷款利率减半。
- 中小型企业风险投资基金为具备资格的创新项目提供股权融资。
- 中小型企业金融计划延长3年（包括对个体企业和其他企业），并将利率降至6%。
- 重新引入租赁设备现代化计划。
- 毛里求斯开发银行为微型企业设立了专项快速跟踪服务平台。
- 为小型企业提供1亿卢比的信贷额度保理服务。
- 国内企业（特别是中小型企业）货物出口的利润按3%的利率征税。
- 对从事医药产品、医疗器械和高科技产品制造的新型企业（2017年6月8日后成立）同样给予8年的所得税免征税期。
- 货物出口利润按3%的利率征收税费。
- 8年免税期范围扩大到毛里求斯中小型企业发展局登记在册的个体企业（新企业）与合作社。
- 动产可作为贷款抵押。

9.14.4 中小型企业计划

（1）毛里求斯银行中小型企业融资计划：3%用于个人与实体，6%用于除贸易服务、房地产和专业服务以外的所有其他业务。

（2）中小型企业合作计划/中小型企业融资计划。

（3）中小型企业出口营销基金/中小型企业贷款担保计划。

（4）中小型企业发展计划证书。

（5）中小型企业参与国际博览会款项返还计划。

（6）中小型企业创新补贴计划。

（7）毛里求斯国家中小型企业孵化器计划：该计划旨在帮助毛里求斯年轻人将他们的创新理念转化为成功的商机。

（8）新型计划。

①市场条码登记渠道计划。

该计划旨在向希望对产品进行升级的中小型企业提供财政援助，并协助这些企业进入新市场。该计划鼓励中小型企业采用条形码认证，并将条形码应用于其产品之上。使用条形码的益处，举例来说，有助于将当地产品引入超市。

②推广绿色能源——太阳能光伏款项返还计划。

该计划旨在帮助中小型企业利用太阳能光伏技术发电，它将根据净计量原则运作，让合格的中小型企业能够生产用于自身消费的电力。

③指导与扶持项目。

该项目将通过扶持、指导和训练活动加强中小型企业的力量。它支持创新，并与行业专家分享知识。

④沟通和在线可视性展示。

该计划将协助中小型企业开发和应用各种工具和手段进行在线展示与营销。

⑤包含技术和技能转移的商业。

该计划将鼓励和刺激实现更高生产力和竞争力的、出色的商业实践，并通过为初创企业和其他小企业创造更多的商业机会，加速经济的民主化。

（9）非洲团结基金提供的帮助计划。

非洲团结基金为中小型企业提供如下帮助：

①个人/投资组合担保；

②延长贷款期限的再融资；

③利率补贴和融资管理。

9.14.5 关系网的构建

- 每年更新和发布中小型企业目录，以促进中小型企业和其他利益相关者（即供应商、客户和大型企业）之间关系网的构建。
- 企业家们可获得一本技术指南和一本纺织品指南。
- 毛里求斯工商会中小型企业市场是一个在线门户网站。毛里求斯工商会利用其专业知识与知识网络，以独家优惠的价格向中小型企业会员提供产品和服务。它还允许服务提供商通过向各种专业产品和服务提供优惠价格来获得毛里求斯工商会中小型企业会员资格。

- 在网站www.taxfreeshopping.mu上推出"创意毛里求斯"（Creative Mauritius）。

9.14.6 中小型企业园区

毛里求斯国土有限公司负责在全国范围内建立175个中小企业园区。包括柯尼格塔（La Tour Koenig）、瓦莱塔（La Valette）、罗奇博伊斯（Roche Bois)和科罗曼德尔（Coromandel）在内的中小企业园区已准备就绪，并将以优惠价出租。

9.15 旅游业

旅游业对毛里求斯的经济至关重要。据毛里求斯旅游促进局的报告，旅游业在国内生产总值中的占比超过25%。自2021年10月起，毛里求斯出入境正式重新向游客开放。2022年1—9月，游客到访量为638 322人。毛里求斯旅游业正稳步复苏，2022年7月和8月分别回升了81%和82%。

9.15.1 旅游促进局

毛里求斯旅游促进局是旅游部属下的半国营性质的机构。它负责颁发在旅游业开展各种活动所需的执照，并对这些活动进行监管。

投资者通过旅游在线平台，可以进行执照申请和费用支付。

所有希望开展旅游相关活动的投资者应先登录旅游局网站（http://ta.gov.mu.org），查询后可确认是否允许开展此类活动。

（1）旅游住宿经营执照。

任何人在没有获得旅游住宿经营执照的情况下，不得运营或经营旅游业务。旅游经营执照包括：

①签发给从事酒店业务人员的酒店经营执照。

②签发给从事客房业务人员的客房经营执照。

③签发给从事旅游住宿业务人员的旅游住宿经营执照。

④签发给从事地产业务人员的地产执照。地产是指任何提供基于自然活动的地产，包括不断与自然环境相融合的所有附加场地，如住宿设施、餐饮、茶点和生态旅游辅助场地。

旅游住宿经营执照的签发应符合酒店、旅游住宅、宾馆或地产及其服务、基础设施和便利设施的规范和标准要求，执照有效期为3年。

（2）旅游业务经营执照。

旅游业务经营执照是签发给以向旅游者提供服务或者商品为目的业务的企业证书，该执照可以通过付费或其他形式续期。除持有旅游业务经营执照的人员以外，任何人不得经营旅游业务。

（3）商业与私人游艇经营执照。游艇执照有效期为3年。

（4）船长执照。

（5）推销执照。

（6）船库经营执照。

（7）俱乐部会所经营执照。

（8）冲浪业务经营执照。

注意：一些类别的执照，如游船经营执照、船库经营执照和冲浪业务经营执照，也赋予运营商进行旅游局可能批准的其他与海上业务相关活动的权利。

9.15.2 商机

旅游业涵盖度假酒店、商务酒店、休闲公园、绿地、文化与健康旅游、餐馆、旅行社、游轮等。

1. 高尔夫旅游

毛里求斯拥有顶尖的高尔夫球场，是世界十大高尔夫胜地之一。鹿岛（Iles Aux Cerfs）高尔夫俱乐部被评为毛里求斯最为宁静的高尔夫俱乐部，在《高尔夫世界（2016）》（*Golf World 2016*）的排名中，位列全球二十大高尔夫俱乐部之首。

高尔夫旅游是一个利基市场，在过去的两年内每年增长9%。每年约有4.5万名高尔夫球手来到毛里求斯，他们在这里的消费比普通的度假者消费多出15%~20%。

2. 滨海旅游

与滨海旅游相关的主要活动有：

- 滨海住宿与餐饮，以及海上游艇活动，如海钓、划船、短途旅行、潜水、水上拖曳、风筝冲浪和皮划艇。
- 大型钓鱼比赛是一项非常重要的旅游活动。专业的钓鱼者通常在这里捕捉马林鱼、旗鱼和远洋金枪鱼。

3. 商务旅行

毛里求斯是商务会议、企业大型会议和集会的理想场所。

4. 医疗旅游

毛里求斯正迅速成为首屈一指的区域性医疗服务供应方。

5. 购物、养生与遗址旅游

养生旅游通过生理、心理或精神活动，如水上运动、冥想、瑜伽、水疗和体重管理等促进身心健康。遗址旅游包括历史遗址旅游和文化交流。

6. 文化旅游

文化旅游是出于文化意图目的的人类运动。毛里求斯具有相当大的文化旅游潜力，这得益于其丰富而多元的文化遗产、多样化的文化景点、完善的基础设施和丰富的旅游产品。

7. 邮轮旅游

毛里求斯位于印度洋中心的战略位置让其具备了占领邮轮市场的巨大潜力。毛里求斯拥有一个壮丽的自然港口和一个世界级的机场，这让其与外界有着极好的连接，这对于偏好"飞机+游轮"旅行的旅客来说，是一个理想的选择。2022年，停靠毛里求斯的邮轮数量达18艘，载客量达15 300人次。

附录

法案与规定

The Banking Act 2005
The Bank of Mauritius Act 2004
The Bills of Exchange Act 1914
The Brokers Act 1945
The Borrower Protection Act 2007
The Board of Investment Act 2000
The Building Control Act
The Business Facilitation (Miscellaneous Provisions) Act 2006
The Business Registration Act 2002
The Campement sites Tax Act 1983
The Captive Insurance Act
The Cargo Handling Corporation Act 1983
The Chemical Fertilizers Control Act 1978
The Civil Status Act 2001
The Clinical Trials Act 2011
The Code Civil 1805
The Code de Commerce Amendment Act 1985
The Companies Act 2001
The Competition Act 2003
The Computer Misuse and Cybercrime Act 2003
The Constitution 1968
The Construction Industry Development Board Act 1997
The Consumer Protection Act 1981
The Consumer Protection Price and Supplies Control Act 1988
The Courts Act 1945
The Copyright Act 2017
The Customs Act 1988
The Customs Tariff Act 1969
The Data Protection Act 2017
The Development Bank of Mauritius Act 1972
The Economic Development Board Act 2017
The Education Act 1957
The Electronic Transaction Act 2000
The Employment (Non-citizens) Restriction Act 1972
The Employment Rights Act 2008
The Employment Relations Act 2008
The Employment and Training Act 1963
The Environmental Protection Act 2002
The Equal Opportunities Act 2008
The Excise Act 1994
The Fair Trading Act 1979
The Fashion and Design Institute Act 2008
The Films Act 2002
The Financial Intelligence and Anti-Money Laundering Act (FIAMLA) 2002
The Finance Act 2006
The Financial Services Act 2001
The Financial Reporting Act 2004
The Fisheries and Marine Resources Act 1998
The Food Act 1998
The Foundation Act 2012
The Foreign Exchange Dealers Act 1994
The Freeport Act 2004

The Geographical Indicators Act 2002

The Human Resource Development Act 2003

The Hire Purchase and Credit Sale Act 1964

The Hotel and Catering Training School Act 1980

The Immigration Act 1973

The Income Tax Act 1995

The Independent Board Authority Act 2000

The Industrial Expansion Act 1993

The Industrial and Vocational Training Act 1988

The International Arbitration Act

The Insurance Act 1987

The Information and Communication (Miscellaneous) Act 1998

The Information and Communication Technologies Act 2001

The Immigration Act 1970

The Insolvency Act 2009

The Insurance Act 2005

The Interpretation and General Clauses Act Amended 1974

The Investment Promotion Act 2000

The Investment Promotion (Smart City Scheme) Regulations 2015

The Investment Promotion(Property Development Scheme) Regulations 2015

The Jewelry Act 2007

The Land (Duties and taxes) Act 2004

The Laser Pointers (Safely) Regulations 2007

The Licensing of Recruiting Agents for Overseas Educational and Training Institutions Act 2006

The Limited Partnerships Act 2011

The Limited Liability Partnerships Act 2016

The Local Government Act 2003

The Maritime zones Act 2005

The Mauritius Broadcasting Act Corporation 1986

The Mauritius Citizenship Act 1968

The Mauritius Film Development Corporation Act 1986

The Mauritius Housing Corporation Act 1974

The Mauritius Revenue Authority Act 2004

The Mauritius Tourist Promotion Authority Act 1996

The Medical Council Act 1999

The Merchant Shipping Act 1986

The Moneylender Act 1959

The Morcellement Act 1990

The Motor Vehicle (Trade Practices) Regulations 1989

The National Computer Board Act 1988

The National Pensions Act 1976

The Non-citizens (Property Restriction) Act 1975

The Non-citizens (Employment Restriction) Act 1970

The National Women Entrepreneur Council Act 1999

The Notaries Act 2008

The Open University Act 2005

The Passports Act 1968

The Patents, Industrial and Trademarks Act 2002

The Pharmacy Act 1983

The Plants Act 2006

The Plastic and Polyethylene Pipes and Fittings Regulations

The Private Health Institution Act 1989

The Public Health Act 1925

The Public Private Partnership Act 2004

The Public Procurement Act 2006

The Prevention of Corruption Act 2002

The Prevention of Terrorism Act 2002

The Protected Cell Company Act 1999

The Protection against Unfair Practices Act 2002

The Public Private Partnership Act 2004

The Printing Industry (Remuneration) Regulations 2014

The Public Transport (Buses) Workers Remuneration Regulations 2014

The Road Haulage Industry (Remuneration) Regulations 2009

The Recruitment of Workers Act 1993

The Registration Duty Act 1804

The Securities (Central Depository, Clearing and Settlement) Act 1996

The Securities Act 2005

The Small and Medium Enterprises Development Authority Act 2009

The Small and Medium Enterprise Act 2017

The Stock Exchange Act 1988

The Stamp Duty Act 1990

The Territorial Sea Act 1970

The Telecommunications Act 1998

The Tobacco Production and Marketing Regulations 1945

The Toys (Safety) Regulations 1994

The Tourism Authority Act 2006

The Town and Country Planning Act 1954

The Trader's Warranty Regulations 1981

The Transcription and Mortgages Act 1863

The Trust Act 2001

参考资料

Mauritius Promoting the Development of an Ocean Economy

Intercontinental Trust newsletter vol 6 Issue 11

Investment Opportunities—Board of Investment

www.investmauritius.com/investment-opportunities.aspx

Doing Business in Mauritius (E-Regulations) *www.eregulations.mu/doingbiz.aspx*

Invest in Rodrigues | Rodrigues, unlocking investment

Investrodrigues.com

Mauritius: An Economic Success Story by Ali Zafar, January 2011

The Ocean Economy: A Roadmap to Mauritius, December 2013

Where Does Fintech Sit Within the Mauritian Legal Framework? By Jurisconsult Chambers, October 2017

Mauritius invest climate statement 2015 by U.S. Department of State

The weekly newspaper *News on Sunday*

Mauritius International Financial Centre fintindia_org/downloads/harvesh_seegolam_presentation.pdf

International vs. Domestic Arbitration in Mauritius by Alladin Yaseen

Global Finance Mauritius publication September 2017 issue

作者简介

玛丽·洛德思·林红（**Marie Lourdes Lam Hung**）是一位毕业于伦敦格雷律师学院（Honorable Society of Gray's Inn, London）的辩护律师，也是毛里求斯作家协会与中国商会成员。

她曾是妇女、儿童发展和家庭福利部（Minister of Women, Child Development and Family Welfare）的法律顾问，为《全国妇女企业家理事会法（1999）》（*National Women Entrepreneur Council Act 1999*）的颁布作出了贡献。在她的帮助下，毛里求斯女企业家协会（Association of Mauritian Women Entrepreneurs）得以成立。

她已经出版了几本关于如何在毛里求斯设立企业和开展业务的指南。

她与帕特里克结婚，育有三个女儿，拥有两个孙子。

作者联系方式：esthel@intnet.mu。